Helga Jursch

Die fünfbeinige Kuh

Eine Reise durch Nordindien

Über das Buch:
Ist das Taj Mahal wirklich der Höhepunkt jeder Indienreise? Warum sind Kühe heilig? Wieso werden Ratten verehrt? Erfahren Sie, wie die Autorin Nordindien im November 2014 erlebte. Ein farbenprächtiges Mosaik aus finsteren und strahlenden Begebenheiten, gespickt mit Hintergrundinformationen und Tipps, wird vor dem Leser ausgebreitet. Wenn Sie nicht schmunzeln, werden Sie die Luft anhalten, empört, entsetzt und entzückt sein. Diese Reisebeschreibung lässt niemanden kalt.

Über die Autorin:
Helga Jursch wurde 1960 in Hamburg geboren und lebte schon als Kind im Ausland. Dies führte zu einem bislang unstillbaren Drang in die Ferne, der in regelmäßigen Abständen ausbricht. Wenn sie nicht auf Reisen ist, lebt sie mit ihrer Familie und einer Katze in der Nähe von Stuttgart.

Kontakt:
info@helga-jursch.de
www.helga-jursch.de

Bibliografische Information der Deutschen Nationalbibliothek

Die Deutsche Nationalbibliothek verzeichnet diese Publikation in der Deutschen Nationalbibliografie; detaillierte bibliografische Daten sind im Internet über http://dnb.dnb.de abrufbar.

Die fünfbeinige Kuh
Copyright: © 2015 Helga Jursch
Lektorat: Anni Bürkl (www.einbuchschreiben.at)
Cover: Christiane Hirsch (christianehirsch.de)
unter Verwendung eines Bildes von Helga Jursch
Mandala: © tatiana_ti - Fotolia.com
Herstellung und Verlag:
BoD – Books on Demand, Norderstedt
ISBN 978-3-7347-7139-2

Inhalt

Eine Reise nach Nordindien 6

Tag 1 – Fahrerflucht in New Delhi 10

Tag 2 – Ohne Hupe geht's nicht 19

Tag 3 – Glanz und Elend unauflöslich
miteinander verstrickt 28

Tag 4 – Reinigung mit zweifelhaftem Wasser . 38

Tag 5 – Es wird richtig heilig 46

Tag 6 – Eine Kleinstadt wird gestürmt 56

Tag 7 – Es wird noch grenzwertiger 70

Tag 8 – Go West 79

Tag 9 – Reale Märchenwelt 84

Tag 10 – Pilze auf Rädern 93

Tag 11 – Göttliche Pracht und irdischer Sound 98

Tag 12 – Extremer Lebensschutz 108

Tag 13 – Verdauungsbeschwerden 113

Tag 14 – Mowglis Heimat.................................. 118

Tag 15 – Verborgene Aussichten.......................125

Tag 16 – Besuch in der Hölle 134

Tag 17 - Zu Tode genervt, dann
　　　　himmelhochjauchzend......................142

Tag 18 – Wassermangel................................. 148

Tag 19 – Höhe- und Tiefpunkt 154

Tag 20 – Endspurt.. 161

Eine Reise nach Nordindien

Das Taj Mahal gehört zu den Dingen, die ich schon immer sehen wollte, bevor ich sterbe. Genau genommen ist der zweite Halbsatz überflüssig. Schließlich ist die Ungewissheit, die sich um den Tod rankt, allumfassend und ich weiß gar nicht, ob ich auch nach dem Tod Gelegenheit haben werde, diesen Prachtbau zu sehen. Vor meinem Tod ist jetzt. Da man also erstens nie weiß, was kommt und zweitens der Zahn der Zeit auch an mir mit zunehmendem Eifer nagt, beschloss ich, unverzüglich an die Umsetzung dieses Traumes zu gehen.

Ich entschied mich für eine Rotel-Reise, weil deren Nordindien-Programm mich am meisten ansprach und auch in mein Budget passte. Rotel heißt „rollendes Hotel". Es besteht aus einem Bus, der über ebenso viele Sitzplätze wie enge Schlafkojen verfügt. Der Volksmund bezeichnet das gern als „Schlafen im Sarg", aber Hand aufs Herz: Haben Sie schon mal einen Sarg gesehen, der 70 Zentimeter hoch ist? So hoch ist nämlich die Koje. Ebenfalls 70 Zentimeter breit und zwei Meter lang. An der Stirnseite ist ein Fensterchen angebracht, an der Rückseite ein Vorhang. Es befinden sich jeweils drei Kabinen übereinander. Ich habe das schon einmal mitgemacht und weiß, dass ich schmerzfrei genug bin, um mit lauter unbekannten Menschen, ihren diversen Körpergeräuschen und möglicherweise sich steigernden Körpergerüchen drei Wochen lang zurechtzukommen. Betreut wird die Gruppe jeweils von einem Busfahrer und einem Reiseleiter. Generell hat dieses Personal in der Branche einen sehr guten Ruf, aber es gibt auch bedauerliche Ausnahmen, wie den uns diesmal zugewiesenen Reiseleiter. Deswegen wird fortan von ihm nicht mehr die Rede sein.

Der Herbstvollmond Kartik Purmina, der sich im Oktober oder November zeigt, hat für Rajasthan, den Bundesstaat im Nordwesten Indiens, eine herausragende religiöse Bedeutung. Unter anderem findet dann das Pushkar-Fest statt. Auch das will ich in diesem Leben gesehen haben. Somit steht auch der Zeitpunkt der Reise fest und ich beschließe, im November 2014 nach Indien zu reisen.

Da ich glücklicherweise mit einer robusten Gesundheit gesegnet bin, überprüfe ich nur meinen Basis-Impfschutz und nehme Kopfwehtabletten mit. Ich habe die Erfahrung gemacht, dass gegen örtlich entstandene Leiden am besten örtliche Medikamente helfen, sodass meine Reiseapotheke trotz mahnender Stimmen ziemlich leer bleibt.

Über Dubai geht es nach New Delhi. Als der Flieger in Dubai landet und ich mir ein paar Stunden um die Ohren schlagen muss, ist es gerade tiefste Nacht, sowohl in Deutschland als auch vor Ort. Da ich aus meinem aufregenden Berufsalltag geradewegs in den Urlaub gestürzt bin, muss ich aufpassen, dass ich vor lauter abfallendem Stress nicht einschlafe. Also laufe ich umher. Die ganze Zeit. So kann ich den

glitzernden, futuristischen Flughafen durchmessen. Für Araber mag die Shoppingmeile dieses bombastischen Flughafens exotisch sein, aber für unsereins nicht. Tausende Geschäfte mit den üblichen Marken, die auch sämtlichen deutschen Fußgängerzonen einen erschreckenden Einheitslook verpasst haben. Hin und wieder gibt es ein arabisches Geschäft. Soll ich vielleicht Kamelmilch-Schokolade kaufen? Besser nicht. Ich gehe in die Wüste und habe erstens keinen Kühlschrank und zweitens keinen Platz, an dem nicht die Gefahr bestünde, die warmgewordene Schokolade zu zerdrücken. Wie wäre es mit einem Buch? Eigentlich brauch ich keins, denn ich habe ein voll bepacktes Lesegerät dabei. Aber vielleicht begegnet mir hier etwas, das ich unbedingt haben muss? Regale über Regale mit Büchern auf Englisch. Die arabischen Bücher finden auf einem Meter Platz.
Endlich wird mein Flug nach Delhi aufgerufen. Ich kann bis zur Landung am frühen Morgen einigermaßen schlafen. Wegen der Ebola-Epidemie in Afrika wird am Flughafen die Temperatur aller Einreisenden mit einem pistolenähnlichen Gerät aus der Ferne gemessen. Menschen mit Mundschutz und Handschuhen blättern unsere Pässe durch. Wer aus einem von Ebola betroffenen Land ankommt, muss gleich an einen anderen Schalter. Jeder muss auf einem Fragebogen seine Reisen und Aufenthalte der letzten Zeit angeben. Der indische Grenzer hält mich für sauber. Ich darf einreisen und bekomme

ein Ebola-Merkblatt in die Hand gedrückt. Es informiert, wo ich mich beim Auftreten von einschlägigen Symptomen melden soll.
In Delhi ist es heiß! Das Rotel-Reisegrüppchen findet sich in der Ankunftshalle langsam zusammen, denn die großen, roten Rotel-Aufkleber auf den Koffern sind kaum zu übersehen. Ein paar Frauen sind mir auf Anhieb sympathisch. Auf den ersten Blick macht die Gruppe einen guten Eindruck. Gleichgesinnte fühlen sich zueinander hingezogen, zu den anderen hält man freundlichen Abstand. Es ist niemand dabei, bei dem man spontan mit den Augen rollt. Was für ein Glück!

Tag 1 – Fahrerflucht in New Delhi
Zwei Koffer sind kaputt, ein Teilnehmer fehlt und so geht es etwas hektisch zu, bevor wir nunmehr neunzehn Teilnehmer in einen örtlichen Bus steigen und zur Stadtrundfahrt starten. Ein kurzer Moment der Besinnung tritt ein, als jeder von uns zur Begrüßung eine Kette aus frischen Blumen als Willkommensgruß umgelegt bekommt. Unter meiner dicken Jacke bin ich dünn angezogen und meine Schlappen habe ich im Handgepäck. Das war eine sehr weise Entscheidung, da wir den ganzen Tag keine Gelegenheit haben werden, an unser Gepäck zu kommen.

Und los geht es durch einen Verkehr, der mir schon durch eine frühere Reise als albtraumhaft in Erinnerung ist. Mittlerweile ist er noch schlimmer geworden. Auf den Straßen herrscht ein rücksichtsloses und ungeordnetes Gedränge, unterstützt durch heftigsten Einsatz der Hupe. Dort drängt sich alles, was irgendwie vorwärts kommen möchte: Laster, Busse, Autos, Kühe, Ziegen, Tuktuks, Motorräder, Kutschen, fliegende Händler, Fußgänger. Ich bin froh, als wir endlich am ersten Zielort sind. Glücklicherweise luftig gekleidet entsteige ich am Humayun-Mausoleum dem Bus. Zu meiner größten Freude sehe ich einen Kokosnuss-Verkäufer und schlage bei einer Trinkkokosnuss zu. Jetzt bin ich auf die kommenden Abenteuer positiv eingestimmt.

Der alte Humayun war ein Maharaja, auf Deutsch: ein großer Herrscher. Diesem Herrscher eilt allerdings der Ruf voraus, freundlich, aber unfähig gewesen zu sein. Das Mausoleum hingegen ist atemberaubend und das im doppelten Sinn. Die Luft in Delhi ist so, dass man das Atmen gern einstellen würde, so es denn möglich wäre. Die Sichtweite ist so ähnlich wie bei uns im Novembernebel, nur dass das hier kein Novembernebel, sondern stets vorhandener Smog ist. Im Großraum Delhi leben etwa zwanzig Millionen Menschen. Gleichzeitig arbeiten die zahlreichen Fabriken ohne Filter. Katalysatoren für Fahrzeuge gelten als verzichtbarer Luxus. In Delhi wurden schon vor Jahren täglich drei Milliarden Liter Schmutz in den Fluss Jamuna eingeleitet. Maximal die Hälfte der Abwässer streift eine Kläranlage und diese arbeiten meist nicht richtig. Der Smog in New Delhi ist schlimmer als in Peking. Das sieht man. Das riecht man. Das vernebelt den Blick, ätzt die Lungen und zersetzt das Gestein. Noch stehen die Steine und wenn man nah genug herangeht, kann man sie auch scharf und deutlich sehen. Das Humayun-Mausoleum aus rotem Sandstein und weißem Marmor ist sehr beliebt. Ein prachtvoller Bau inmitten einer weitläufigen, grünen Oase. Jede Menge Familien und Schulklassen stürmen das Gelände. Wir erregen Aufsehen und viele Leute möchten sich mit uns fotografieren lassen.

Wir fahren weiter zum Raj Ghat, der Verbrennungsstelle Mahatma Gandhis. Ich bin enttäuscht. Der Ort liegt mitten auf einer Kreuzung von großen Straßen. Es ist laut, der Ort ist weit entfernt vom Fluss, von schönen Bäumen oder von irgend etwas, das eine meditative oder besinnliche Stimmung hervorrufen könnte. Ein steriler, moderner Bau ohne Zierde, und zu allem Überfluss ist an zahlreichen Stellen Kunstrasen aus Plastik ausgelegt. Der Zustrom an Besuchern ist enorm, aber dieses nüchterne Ding hat sorgfältig jeden Anklang an Indiens manchmal widersprüchlichen Zauber vermieden.

Die meisten von uns sind für das Wetter unpassend gekleidet, denn wir hatten ja noch keine Gelegenheit, die im kühlen Deutschland angezogenen Klamotten zu wechseln. Wir sind müde, denn uns allen fehlt ja eine Nacht. Nicht nur ist es in Delhi schon fünfeinhalb Stunden später als in Deutschland, wir sind ja mit einer langen Unterbrechung über Nacht geflogen, ohne richtig schlafen zu können. Aber das Programm ist gnadenlos. Es ist fast wie Fahrerflucht: wir streifen eine Sehenswürdigkeit und entfernen uns wieder so schnell wie möglich. Das Tempo setzt mir zu.

Endlich Mittagspause mit anschließendem Besuch des tibetischen Basars. Das Mittagessen findet allen Ernstes bei McDonald's statt. Ich frage mich, ob ich wegen Aufregung, Schlafmangel und anderen psychischen Befindlichkeiten an Halluzinationen leide, aber ich stehe tatsächlich in einem McDonald's und bestelle mir einen Veggieburger und etwas zu trinken. Meine erste indische Mahlzeit hätte ich mir irgendwie typischer vorgestellt. Aber immerhin ist das ein Vorgeschmack auf das was kommt, denn

McDonald's hat so viel mit Indien zu tun wie der tibetische Markt mit Tibet. Es gibt dort hauptsächlich indisches Kunsthandwerk zu kaufen. Standbesitzer fordern die Besucher mit lautstarkem Stakkato auf, ihre Stände zu besuchen. Fliegende Händler heften sich an mich, halten mir die eigenen Waren direkt vor die Augen, engen meinen Bewegungsspielraum und mein Gesichtsfeld ein und weichen nicht einen Millimeter, selbst bei offensichtlichem totalem Desinteresse. Bettler zupfen und zerren an mir. Es hilft nichts, dass ich mich wehre, verneine oder sie barsch verscheuche. Wie ein aufgeblähter Schatten bleiben diese Gestalten an jedem von uns dran. Ich bin erleichtert, als wir endlich wieder in den Bus einsteigen können.

Es geht weiter, über den Connaught Place, der Machtzentrale der größten Demokratie der Erde, von wo aus mehr als eine Milliarde Menschen regiert werden. Hier wurde die 2013 gestartete Marsmission beschlossen. Hier werden die Prozesse zur Auslösung der Atomraketen gesteuert. Richtig echte Machtfülle also. Doch irgendwie sieht dieser Ort kleinkariert-bürokratisch aus, die Schaltzentralen der Macht verschwinden hinter Beliebigkeit und Unauffälligkeit. Kastenförmige, nüchterne Zweckbauten ohne Flair füllen die Lücken zwischen einzelnen, etwas imposanteren Kolonialgebäuden aus.

Nun werden wir den Sikhtempel Bangla Sahib Gurdwara streifen. Mit seiner weißglänzenden, porzellanartigen Fassade im Zuckerbäckerstil und seiner goldenen Kuppel sticht er deutlich aus der umgebenden Architektur hervor, die aus nüchternen und nicht immer gepflegten Geschäfts- und Wohnhäusern besteht. Glücklicherweise möchte ein Sikh uns sein Gotteshaus erklären und so wird aus dieser Fahrerflucht zeitlich gesehen eine langwierige Unfallaufnahme, die ich sehr genieße.

Eine beiläufige Bemerkung unseres Guides erregt meine maximale Aufmerksamkeit: Bei den Sikhs sind Mann und Frau gleichberechtigt, auch Frauen dürfen die höchsten sakralen Ämter bekleiden. Die Männer tragen alle einen Turban und ein Eisenarmband. Das sind die zwei ihrer fünf Attribute, die für uns sichtbar sind. Weiterhin sollten sie einen Kamm tragen, der sich unter dem Turban befindet, einen Dolch, der in der Hose steckt und eine knielange Unterhose, die sexuell mäßigend wirken soll. Ein Sikh sollte niemals seine Haare schneiden, deshalb werden diese unter einem Turban versteckt. Auch der Bart soll immer weiterwachsen, weshalb viele Sikhs ein Haarnetz unterm Kinn tragen, in dem sie ihren Bart verstauen. Alle männlichen Sikhs tragen den Nachnamen Singh (Löwe), alle weiblichen heißen Gaur (Löwin). Allgemein gelten Sikhs als sehr gepflegt, diszipliniert und ordentlich. Zumindest galt das so lange, bis Indira Gandhi von ihren Sikh-Leibwächtern erschossen wurde. Seitdem halten viele in Indien die Sikhs für Terroristen. Diese Betrachtungsweise greift jedoch etwas zu kurz. Die Männer sind stolz und wehrhaft und arbeiten häufig als Soldaten, Polizisten oder LKW-Fahrer. Letzteres passt, denn LKW-Fahrer müssen bei den hier herrschenden Verkehrsverhältnissen wehrhaft und durchsetzungsfähig sein.

Der Gott der Sikhs ist ein gestaltloser Schöpfergott, weder Mann noch Frau. Dieser Gott hat sich im Buch Guru Grant Sahib offenbart, das von den Sikhs sehr verehrt wird. Höchstes spirituelles Ziel ist es, religiöse Weisheit im Alltag nutzbar zu machen. Religiösen Dogmatismus und soziale Hierarchien lehnen sie ab, obwohl das Kastenwesen Indiens Gesellschaft immer noch so stark durchdringt, dass letzterer Punkt in der Praxis gar nicht umsetzbar ist, selbst wenn man selber das Kastenwesen ablehnt, welches übrigens offiziell schon lange abgeschafft ist. In der Volksseele ist es aber immer noch höchst lebendig.

Der Tempel steht, wie alle Sikh-Tempel, Besuchern aller Religionen offen. Zudem finden mehrmals täglich Armenspeisungen statt, zu denen jeder ohne Ansehen der Person kommen kann. Wir haben Glück. Eine Frau möchte uns unbedingt die Küche zeigen. In einer riesigen, gefliesten Halle sitzen Heerscharen von Freiwilligen. Sie schnippeln Gemüse, rollen die allgegenwärtigen Fladenbrote namens Chapati aus, backen sie, rühren in Töpfen mit Industrieausmaßen die Linsenpaste Dal. Überall kokeln Feuerchen, es dampft und zischt. Die Töpfe sind groß genug, um einem Menschen Platz zu bieten. Obwohl das hier das Gegenteil davon ist, muss ich an die Hölle denken.

Vor dem Speisesaal sammeln sich Menschenmassen. Gegessen wird auf dem Boden. Dort wurden mehrere Reihen Teppichläufer ausgelegt, die Freiwilligen verteilen nun darauf Blechnäpfe mit Dal und Chapati, der indischen Basisnahrung. Besteck gibt es nicht, denn gegessen wird mit den Händen. Vom Fladen werden Stücke abgerissen, die in die Paste getunkt und dann zum Mund geführt werden. Sobald die Läufer alle bestückt sind, werden die Türen geöffnet. Die Massen stürmen herein, jeder kauert sich vor einen Napf. Sobald vor jedem Napf jemand sitzt, wird der Saal geschlossen. Die Hungrigen verschlingen ihr Essen und verschwinden wieder. Der Raum wird aufgeräumt, dann beginnt der nächste Durchgang.

Obwohl wir nun bereits viele Eindrücke gewonnen haben, gibt es für uns keine Entspannung. Wir müssen noch zum Laxmi Mayaran, einem Hindutempel. Dieser ist vor knapp hundert Jahren vom Industriellen Birla gebaut worden. Die damalige Firma des Herrn Birla ist mittlerweile ein riesiger Mischkonzern. Wenn dieser der Gesellschaft etwas Gutes tun möchte, baut er einen Tempel, und so gibt es in mehreren Städten Birla-Tempel.

Eine Unzahl von Kuppeln und Kuppelchen bedecken die zahlreichen Tempel. Der Komplex ist dunkelbraun gestrichen, die Verzierungen sind beige abgesetzt. In der Mitte befindet sich ein

kleiner Park mit altem Baumbestand. Hier wird der Gott Vishnu mit seiner Gattin Laxmi verehrt.
In Indien herrscht große Angst vor religiös motivierten Anschlägen. Deshalb müssen wir alle elektronischen Gegenstände am Tempel abgeben und wir werden wie am Flughafen kontrolliert, bevor wir das Innere des Tempels betreten dürfen.
Endlich kommen wir zum Hotel, wo wir die erste Nacht verbringen sollen. Es liegt an einer großen Straße, in der der Verkehr tobt und der Lärm jedes tolerable Maß übersteigt. Hier taucht auch unser fehlender Reisegenosse auf. Er ist in Dubai eingeschlafen und hat somit den Weiterflug nach Indien verpasst. Und das Humayun-Mausoleum. Und McDonald's und noch einiges mehr. Doch so richtig schade ist's nur um den Sikh-Tempel.
Jetzt gibt es Abendessen. Nein, glücklicherweise keinen Veggieburger, sondern echtes indisches Essen: Chapati und Dal, ergänzt durch Reis und diverse hervorragende Currys. Currys sind hier Soßengerichte. Die bei uns als Curry bekannte Gewürzmischung heißt in Indien Garam Masala. Jede Hausfrau hat ihr eigenes Rezept, zu dem auch Blätter des Currystrauches gehören können, um die Verwirrung perfekt zu machen. Dieser Currystrauch wiederum hat weder etwas mit dem bei uns bekannten Gewürz noch mit den Soßengerichten zu tun.
Nach dem Essen gehe ich noch kurz mit meiner Reisegenossin Antonia auf die Straße. Der Lärm ist unbeschreiblich. Hupen, Klingeln, Lautsprecher, Geschrei. Der Verkehr überfordert mich.

Ehe ich mich überfahren lasse und in meiner Todesanzeige „sie starb aus Dummheit am ersten Tag ihrer Reise" steht, gehe ich lieber ins Bett. Meine sehr weise Entscheidung, eine Schlafmaske und den bestmöglichen Gehörschutz mitzunehmen, garantieren mir die nötige Nachtruhe.

Tag 2 – Ohne Hupe geht's nicht

Nach dem Frühstück bringen uns Taxis zu dem Hof, wo der deutsche Rotel-Bus bereit steht. Zunächst werden die Kabinen verteilt. Jeder kann auf Wunsch eine Einzelkabine haben. Dafür wird einfach eine Trennwand in eine Doppelkabine geschoben, die sie in zwei einzelne Kojen teilt. Weil es kein Gepäckabteil gibt, müssen wir unser Gepäck tagsüber in unsere Schlafkoje wuchten. Wohl dem, der sparsam gepackt hat. Übel für den, der mit großem Gepäck reist und nun eine Koje ganz oben hat. Ich bin mit meiner praktischen Reisetasche und der mittleren Koje sehr zufrieden.

Während der Fahrt wird das Schlafabteil zugeklappt. Es wird erst wieder geöffnet, wenn wir abends unseren Standplatz erreicht haben. Im vorderen Busteil befinden sich die Sitzplätze, die schon bei der Buchung fest zugewiesen worden sind. Karin, meine Sitznachbarin für die Dauer der Reise, ist mir auf Anhieb sympathisch. Das ist das Quäntchen Glück, das man braucht.

Der deutsche Bus hat das Steuer links und in Indien herrscht Linksverkehr, was für maximale Unübersichtlichkeit sorgt. Ein paar zusätzliche Spiegel sollen dem Fahrer helfen, aber ich stelle mir seine Aufgabe sehr schwierig vor. Max, unser Fahrer, ist jedoch altgedient und sehr cool. Den bringt nichts aus der Ruhe.

Zunächst fahren wir zum Qutb-Minar-Komplex. Im 12. Jahrhundert befand sich hier ein hinduistischer Bau, möglicherweise ein Observatorium. Im Zuge eines Religionskrieges wurde dieser jedoch von den Moslems erobert und zur Moschee umgestaltet. Das Minarett ist sehr hoch und verjüngt sich nach oben. Aufgrund dieser unüblichen Bauweise wird spekuliert, ob der Turm nicht auch zum früher existierenden Observatorium gehört hat. Von der Moschee sind nur noch Ruinen übrig und so recken sich einzelne, mit fein ziselierten Koransuren versehene Mauern in den trüben Himmel. Die Moschee steht in einem weitläufigen Park. Im Gegensatz zur restlichen Stadt ist es hier grün und ruhig. Eine Oase der Behaglichkeit. In der Mitte der Moschee steht eine eiserne Säule, die seit Jahrhunderten nicht rostet. Wie die Menschen das damals hingekriegt haben, ist Gegenstand zahlreicher Spekulationen. Unter anderem wird diese Säule als Gabe Außerirdischer betrachtet, obwohl es auch weltliche Erklärungen für die Rostfestigkeit gibt.

Nun geht es auf große Fahrt. Vor uns liegt eine Strecke von etwa 280 Kilometern nach Jaipur. 280 Kilometer Hupkonzert, Psychokrieg, Achterbahn und Schleichgang bei etwa 40 Stundenkilometern. Das ist nämlich das Tempolimit für die üblicherweise völlig überladenen LKW. Auf der Autobahn ist außer diesen fast kein Fahrzeug zu finden, weil die Mautgebühr so hoch ist, dass andere Fahrzeuge sie sich im Allgemeinen nicht leisten können. Wer das Geld nicht hat, muss sich mit den völlig überfüllten Landstraßen begnügen. Links und rechts der Autobahn tobt aber das

Leben weiter. So laufen immer wieder Kühe und Menschen über die Fahrbahn. Während die Menschen hurtig eilen, promenieren die Kühe gemächlich und bleiben auch mal gern mitten auf der Autobahn stehen. Macht nichts, dann fährt man eben um sie herum. Soviel Zeit muss für ein heiliges Tier sein. Es ist gut, dass die Kühe das Tempo zusätzlich drosseln, denn so kommt es nicht zu Kollisionen mit den gelegentlich auftauchenden Geisterfahrern.
Das Gehupe nervt uns alle kolossal. Ich hupe, also bin ich. Gehupt wird immer, egal ob es ein Hindernis gibt oder nicht. Anne behauptet steif und fest: „Die Hupe geht los, wenn man das Gaspedal betätigt." Gefühlt könnte es wirklich so sein. Gefahren wird auf Stoß. Abstand zu lassen, nicht in die kleinste Lücke vorzudringen, ist geradezu ehrenrührig. Es strapaziert mich nervlich, als Passagierin im Bus zu sitzen. Wie muss es da erst dem Fahrer gehen? Fahrer und Reiseleiter sitzen getrennt von uns im Führerhaus, denn der Rotel-Bus ist eigentlich kein Bus, sondern ein LKW mit Aufbau. Die gegenseitige Verständigung zwischen Passagieren und Reiseleiter funktioniert per Mikrofon.
Wir stehen an einer geschlossenen Bahnschranke. Die Schranke fällt, die Fahrzeuge halten. Und hupen, weil es nicht vorwärtsgeht. Nachdem ein paar Fahrzeuge auf der linken Spur stehen, versuchen andere, auf der rechten Spur zu überholen, was aber nicht geht, da die Schranke ja zu ist. Auf der anderen Seite der Schranke genau

das gleiche Spiel. Ein Motorradfahrer lehnt sich platt nach hinten und schiebt sich unter der Schranke durch. Der Zug kommt in gemächlichem Tempo und mit lautem Tuut-tuut angefahren. Er ist sehr voll. Die Fenster sind vergittert, es gibt keine Scheiben. Immerhin sind die Gitter längs, sodass niemand sich wie im Gefängnis fühlen muss. Auch wenn sie im Unglücksfall eine schnelle Evakuierung verhindern, gibt es die Gitter, damit niemand eine Bombe in den Zug schmeißen kann. Die Inder haben diesbezüglich leidvolle Erfahrungen. Zu oft wurden Anschläge begangen, indem Molotow-Coctails oder Granaten in Zugfenster geworfen wurden. Die Zugtüren hingegen sind offen und aus ihnen quellen die Menschen fast heraus. Die Schranken öffnen sich, vier Fahrzeuge fahren unversöhnlich aufeinander zu, bis nichts mehr geht. Eventuelle Lücken werden durch sofort hereinschießende Motorräder geschlossen. Jetzt kommt es darauf an, psychologisch zermürbend zu hupen, denn der Verlierer muss schmachvoll den Rückwärtsgang einlegen und Platz machen. Dieser Kampf geht eine gefühlte Ewigkeit, bis endlich ein paar Fahrzeuge resigniert unter lautem Gehupe weichen.

Wir müssen Strecke machen und noch vor der Dunkelheit in Jaipur sein, deshalb gibt es nur dringend notwendige Pinkelpausen. Die Toiletten entsprechen, ganz vornehm gesagt, nicht mitteleuropäischem Standard. Auch sollte man seine Papiertaschentücher nicht vergessen, da in

Indien der Gebrauch von Toilettenpapier unüblich ist. Auf der Toilette befinden sich normalerweise ein Krug und ein Wasserhahn. Damit und mithilfe der linken Hand säubert man sich. Deshalb gilt die linke Hand als unrein und es ist ein Akt grober Unhöflichkeit, jemandem etwas mit der linken Hand zu geben. Sie zum Essen zu verwenden ist regelrecht schockierend. Ich als Linkshänderin werde es in nächster Zeit sehr schwer haben, denn dass ich Papiertaschentücher statt der linken Hand nehme, weiß ja keiner. Ich habe jedenfalls nach der Toilette das Gefühl, dass meine beiden Hände unrein sind, aber nicht überall gibt es Wasserzapfstellen außerhalb des Klos, und wenn es welche gibt, funktionieren sie nicht immer. Aber ich will nicht jammern. Achtzig Prozent der Inder haben überhaupt keinen Zugang zu Toiletten und verrichten ihr Geschäft vorzugsweise in der Nähe eines Bahndamms. Dagegen ist eine versiffte Toilette richtig gut. Es ist eben alles relativ.

Wir kommen in Jaipur an und quälen uns durch diese Stadt mit ihren drei Millionen Einwohnern. Jaipur gilt als die rosa Stadt, obwohl terrakottafarben es eher treffen würde. Die meisten Gebäude der Altstadt sind in dieser Farbe gehalten, doch daran kommen wir jetzt nicht vorbei. Uns eröffnet sich eine hektische, überfüllte, ungepflegte Allerweltsstadt mit enggedrängten, eher schäbigen Zweckbauten, die sich ewig in die Länge zieht.

Endlich erreichen wir das Hotel, in dessen Garten der Rotel-Bus abgestellt werden darf. Das Schlafabteil wird aufgebaut. Vor den Kojen wird eine Plattform errichtet, die über eine Treppe zugänglich ist. Das sieht so ähnlich wie bei einem Marktstand aus. Ein Schutzdach wird aufgeklappt und dazwischen wird eine feste Plane befestigt, sodass sich nun ein geschlossener Flur vor den Schlafkojen befindet. Dort dürfen wir jetzt unser bislang in der Kabine verstautes Gepäck wieder hinwuchten, ohne den Weg zu versperren.

Drei Zimmer im Hotel werden angemietet, damit wir die Bäder benutzen können: eines für Männer, eines für Frauen, das dritte für Paare. Die Campingtische und -stühle werden aufgestellt und das Geschirr wird verteilt. Jeder bekommt einen roten Beutel, auf den er seinen Namen schreibt, eine große und eine kleine Schüssel, einen Becher aus Plastik, einen Satz Besteck, ein Brettchen und ein Geschirrtuch.

Bis zum Abendessen haben wir noch etwas Zeit und so ziehe ich mit fünf anderen Frauen los. Wir wollen shoppen. Da wir uns am Schnittpunkt zweier verkehrsreicher Straßen befinden, sollte das kein Problem sein, denken wir uns. Aber es gibt keine Einzelhandelsgeschäfte. Wir passieren Büros, Autohäuser und dergleichen, aber nichts, wo man genüsslich und neugierig gucken könnte.

Wir fragen einen Inder in seinem Kleinwagen, wo es was zu kaufen gibt. Das nächste Geschäft sei nicht ganz einfach zu finden, erklärt er und bittet uns, einzusteigen. Wir blicken ihn erstaunt an.

Wir sind ja zu sechst! Er blickt noch erstaunter zurück, fast so, als würde er an unserer geistigen Gesundheit zweifeln. Also sitzen wir bald in seinem Autochen: hinten sitzen vier von uns, zwei Frauen haben auf dem Beifahrersitz Platz. Wo ist das Problem?

An einem kleinen Supermarkt lässt er uns raus. Mehr gibt es also in der Gegend wirklich nicht. So fällt unser Shoppen relativ kurz aus. Den Weg zurück zum Hotel gehen wir zu Fuß. Dabei gibt es ein Problem: Wir müssen eine sechsspurige Straße überqueren. Die Autos kommen uns in einem steten Strom entgegen. Lücken gibt es nicht. Wir gucken, wie es die Einheimischen machen. Sie gehen abschnittsweise über die Straße. Man guckt sich das erste Auto aus, das einen nicht überfährt. Dazu muss man abschätzen, ob das Auto vor einem halten kann. Gleichzeitig muss man abschätzen, ob das Auto auch tatsächlich vor einem halten wird. Man geht also vor das Auto, das haltewillig scheint. Dann bleibt man mitten auf der Straße stehen, bis man das nächste bremswillige Auto identifiziert hat. Und so weiter. Sechs Mal insgesamt. Iris marschiert eiskalt durch. „Die bremsen schon, oder meinst du, die möchten sich Ärger wegen eines überfahrenen Ausländers einhandeln?" Ich bin da nicht ganz sicher, weshalb meine Überquerung wesentlich zeitaufwendiger ist. Und schweißtreibender. Puh!

Normalerweise muss der Busfahrer kochen, aber wenn es problemlos möglich ist, essen wir im

Restaurant. Und das ist gut so. Max, unser Fahrer, müsste eigentlich nach seinem bisherigen Arbeitstag wie tot sein. Aber er hat schon die ganze Welt gesehen und nichts Menschliches ist ihm fremd, weshalb er auch jetzt einen ziemlich entspannten Eindruck macht. Im Restaurant gibt es Buffet: Chapati, Reis und verschiedene vegetarische Currys, alles sehr lecker. Das Ganze wird begleitet von Fresh Lemon Soda, einem Sprudel mit frischgepresster Zitrone, Kingfisher-Bier oder dem allgegenwärtigen Masala-Chai, schwarzem Milchtee mit Gewürzen.

Nach dem Essen sitzen wir noch ein wenig draußen und plaudern, als sich ein lauter Festzug nähert: Eingefasst wird die ganze Gesellschaft von elektrischen Riesenlüstern, die von Männern getragen werden und mit Drähten verbunden sind. Damit wird letztlich die Menschengruppe gefangen halten. Hinten laufen alle Kabel zu einem Generator zusammen, der laut knatternd auf einem Pickup steht. Ein Bräutigam holt auf einem Schimmel seine zukünftige Frau ab, begleitet von der Hochzeitsgesellschaft und einer Musikgruppe. In früheren Zeiten ging man die Braut mit einem Fackelzug abholen, doch das ist mittlerweile aus Sicherheitsgründen verboten. Bei dem Gedränge ist das nur zu verständlich.

Es ist Zeit zu schlafen. Ich krabble in meine Koje, während ich mich zu meinen Ohropax und der Schlafmaske beglückwünsche. Irgendwann wache ich auf. Mir ist viel zu heiß. Ich möchte meine Decke abwerfen. Aber wohin? Nirgendwo ist

Platz. Es reicht ja gerade eben zum Schlafen. Ich bin aufs Engste von Menschen und Koffern umgeben. Schließlich lege ich mich auf die zusammengefaltete Decke. Ein paar Stunden später wache ich wieder auf, weil es mich so juckt. Ich bin vollkommen zerstochen! Himmelherrgott! Das hier ist doch Wüstenklima oder zumindest Vorwüstenklima. Knochentrocken. Was haben diese verdammten Stechviecher ausgerechnet hier verloren? Eine Mücke kille ich. Sie hat dermaßen viel Blut getankt, dass sie gar nicht mehr richtig fliegen kann. Zur Linderung des Juckreizes und zur Vertreibung der Quälgeister habe ich Mittel dabei. Sie gehören standardmäßig zu meiner Reiseapotheke. Aber diese befindet sich gerade im anderen Teil des Fahrzeugs, und der ist abgeschlossen. Notgedrungen leide ich schlaflos vor mich hin, bis der Tag anbricht.

Tag 3 – Glanz und Elend unauflöslich miteinander verstrickt

Ein paar Leute aus der Gruppe bereiten das Frühstück vor: Obst, Müsli, Toast, den wir nicht gebacken kriegen, weil der Toaster bei dem unzulänglichen Stromnetz nicht genug Strom abbekommt, diverser Brotbelag und Aufstrich. Es sind harte Zeiten für Kaffeefreunde, sie müssen sich hier mit löslichem Pulver zufrieden geben. Teetrinker hingegen dürfen sich freuen, der Tee ist echt. Nach dem Frühstück darf jeder seine mitgebrachte Thermoskanne mit Tee abfüllen. Danach stellen wir uns zum Spülen auf. Zwei Schüsseln stehen bereit: eine mit Spülmittel und die andere mit klarem Wasser. Einer nach dem anderen wäscht sein Frühstücksgeschirr. Dann geht es sehr traditionell weiter: Die Frauen räumen die Lebensmittel und Küchenutensilien weg, die Männer schlagen den Bus ab. Sie verstauen die Schutzplanen und Stützen und schließen alle Klappen.

Wir werden einen Fotostopp am Palast der Winde, dem berühmtesten Gebäude Jaipurs, einlegen. Warum nur einen Fotostopp? Wegen der Parksituation und weil der Palast gar kein Palast ist. Er ist eine entzückende Fassade von geringer Tiefe, voller Treppen und Nischen. Die Frauen des Maharajas durften sich der islamischen Tradition zufolge keinem Fremden zeigen. Damit sie aber ein wenig vom Stadtleben mitbekommen konnten, durften sie in kleinen

Nischen Platz nehmen und durch die durchbrochenen Fenster auf die Straße gucken.

Der Palast der Winde liegt direkt an einer verkehrsreichen Straße, wo nicht geparkt werden kann. Der Bus wird also kurz am Straßenrand halten. Wir sollen das Gleiche tun wie die Insassen der tausend anderen Touristenbusse: über die Straße auf die andere Straßenseite hasten und den Palast im Morgenlicht fotografieren. Da Touristen nicht wissen, wie man indische Straßen überquert, lotsen ein paar Schutzmänner sie hinüber. Die Enge der Straße, die Dichte des Verkehrs und die vielen Busse sind eine Enttäuschung. Ich hatte mir vorgestellt, dass dieser Palast auf einem repräsentativen Platz steht oder etwas Ähnlichem, aber nicht, dass er sich so eingequetscht an dieser Riesenstraße befindet.

Seinen Namen hat der Palast der Winde vom Luftzug, der ständig darin herumzirkuliert. Wir werden gewarnt, dass die Nischen dieser luftigen Fassade „nicht sehr sauber" seien. Ich kann mir denken, was das in einer Stadt mit zu wenigen Toiletten bedeutet. Kameras, Smartphones und Tablets werden ihm nun eilig entgegengehalten, dann eskortieren uns die Schutzmänner zurück. Alle verschwinden hurtig im Bus und schon geht es weiter. Andere Busse drängen nach, die beste Morgensonne ist bald vorbei.

Wir fahren weiter nach Fort Amber, einer riesigen Festung mit einer Mauer, die das Reich abriegelte und um 1600 herum errichtet wurde. Auf den ersten und sogar auf den zweiten Blick könnte man sich an der Chinesischen Mauer wähnen. Geparkt wird am künstlichen See, der wohlgefüllt ist, weil der letzte Monsun gut war. Wenn der Monsun ein paar Jahre hintereinander schlecht ist, trocknet der See aus. Da er für die Menschen- und Tierwelt die nahezu einzige Wasserquelle ist, ist eine Trockenperiode eine schwere Zeit und alle sind reizbar. Insbesondere die Affen reagieren dann ungut und bissig und können den Menschen gefährlich werden. Heute brauchen wir aber keine Angst vor ihnen zu haben. Ein Mann steht in seinem Fischerboot und legt Netze zusammen. Weiter vorne sitzt ein Mann im Wasser und wäscht sich. Dabei muss er aber aufpassen, dass er nicht noch dreckiger wird, denn der See wird auch als Müllkippe verwendet. Jede Menge Plastikmüll treibt an seiner Oberfläche und an den Ufern befindet sich von Plastiktüten durchsetzter verrottender Matsch.

Es ist heiß und das Fort liegt auf dem Berggipfel. Als besonders schick gilt es, per Elefant zum Fort zu reiten. Daher ist die Schlange für einen Elefantenritt sehr lang. Die Rüsseltiere sind zum Teil mit bunten Blumenmustern bemalt und tragen alle eine dekorative Decke. Gesteuert werden die Elefanten durch einen Kniff ins Ohr. Alle Elefanten, die ich sehe, haben ausnahmslos zerklüftete und eingerissene Ohren. Hautstücke hängen herab, oder unterhalb des Knorpels befinden sich größere Löcher. Muss ich diese Tierquälerei unterstützen, um mir einen kleinen Marsch zu ersparen? Nein.

Es gibt einen Treppenaufgang. Wenn man den nimmt, ist man in zehn Minuten oben. Auf dem Weg passiere ich immer wieder kleine Steinhäufchen. Damit bitten Frauen um einen guten Mann, denn für Frauen ist die Ehe traditionell die einzige Perspektive. Dort darf sie ihrem Mann und ihrer Schwiegermutter dienen und muss alle ihr zugewiesenen Arbeiten erledigen, und, als Wichtigstes, ihm einen oder besser mehrere Söhne gebären. Töchter zählen nicht. Mehr noch, sie sind eine Last.
Der Palast ist bombastisch, was schon von Weitem zu sehen war. Er hat den zweitgrößten Spiegelsaal nach Versailles. Die Männer liefen damals geschäftig zwischen den Audienzhallen hin und her, die Frauen durften nicht dabei sein und mussten sich auch hier mit dem Blick durch durchbrochene Fenster genügen. Zumindest wenn man freies Sehen gewohnt ist, sieht man durch ein derartiges Fenster ziemlich schlecht. Ich bin froh, dass ich nur zur Besichtigung hier bin.
Ornamentale Objekte in Pastellfarben auf weißem Grund sind zauberhaft gemalt. Sie entzücken mich ebenso wie die Fenster aus buntem Glas. Im Frauentrakt sind auch Malereien zu sehen, die in Reiseführern gern als erotische Bilder bezeichnet werden, aber es handelt sich ganz klar um Pornobildchen. Erotik wären Küsse, zarte Andeutungen. Die verschiedenen dargestellten Varianten jedoch, Geschlechtsorgane ineinanderzustecken kommen gänzlich ohne Andeutungen aus. So viel sprachliche Genauigkeit muss sein.

Sich treiben lassen, entspannen, die Sonne genießen, erfreut eine Kokosnuss schlürfen ... das geht vielleicht bei einer Individualreise. Bei einer Gruppenreise mit Tagespensum sind solche Mätzchen nicht drin. Deswegen befinden wir uns schon bald auf dem Weg nach Gaitor, zu den Verbrennungsstätten und Mausoleen der Maharajas. Was wir nun sehen, hätte Gandhi meiner Ansicht nach bei seiner Verbrennung verdient. Unmengen an Marmor wurden kunstvoll verarbeitet zu Pavillons mit schirmförmigen Dächern, sogenannten Chattris. Säulen und Sockel sind mit Steinmetzarbeiten vom Feinsten verziert. Die umgebenden grünen Hügel rahmen das Areal repräsentativ ein. Aber ein rascher Blick muss genügen, denn wir sind nicht zum Spaß hier! Rajasthan in drei Wochen zu durchmessen ist harte Arbeit!

So finden wir uns bald darauf in einer Textilfabrik wieder. Mit Holzstempeln und farbechten Naturfarben wird der Stoff gestempelt, das Ganze begleitet von einem launigen Vortrag der Mitarbeiter. Nebenan werden Teppiche geknüpft. Kennt jeder, der schon mal in einem südlichen Land war. Flinke Finger umhüllen mit schwindelerregender Geschwindigkeit die Schussfäden. Mit kleinen, furchtbar gefährlich aussehenden Sicheln werden die Knoten abgeschnitten. Es fließt kein Blut. Ein Wunder. Der Verkäufer erzählt was von Millionen Knoten auf den Quadratfuß.

Der fertige Teppich wird geschoren, sodass der Flor überall gleich hoch ist. Das geschieht mit einer Handschere. Mit einer ganz gewöhnlichen Schere bekommt ein ganzer Teppich exakt gleich lange Haare verpasst. Unvorstellbar, dass das alles mühsame Handarbeit sein soll! Bisher haben mich Teppichvorführungen immer gelangweilt oder sogar geärgert. Aber die Schere sehe ich zum ersten Mal im Leben und bin restlos fasziniert.

Nun werden die frisierten Teppiche gewaschen. Sie liegen ausgebreitet in einer riesigen Betonwanne und werden gründlich gewässert, während der Arbeiter mit einer Art Schneeschaufel den jeweiligen Teppich kräftig bearbeitet. Wenn dieser getrocknet ist, wird die Faser mit so was Ähnlichem wie einem Marterpfahl wieder aufgelockert, der einer Häkelnadel gleich am Teppichflor zieht.

Der Verkäufer führt nun einen Flammenwerfer über den Teppich, damit alles verbrennt, was da nicht reingehört. Denn der Teppich selbst brennt nicht, er besteht aus erstklassigen Naturmaterialien. Echte Wolle ist flammenhemmend, während Synthetik zischend zusammenschrumpelt.

Nun bekommen wir was zu trinken und Knabbereien. Teppiche aller Formen und Farben werden marktschreierisch vor uns ausgebreitet. Läufer, Gebetsteppiche, raumfüllende Stücke aus Wolle und Seide. Ein Teppich wie der, der mit der Schere bearbeitet wurde, wird ausgerollt. Der Verkäufer muss einen erkennenden Blick, einen lautlosen, sehnsuchtsvollen Seufzer in mir erkannt haben. Er ist Psychologe. Und außerdem

Sikh. Sikhs sind für die Gleichberechtigung. Und das in einem Land, in dem ein Mensch weiblichen Geschlechts um sein Existenzrecht fürchten muss. Ich habe es mit Menschen zu tun, die mein Lebensrecht anerkennen. In einem Land, wo das vielfach nicht so ist. Aber ist das eine Rechtfertigung, um einen Teppich zu kaufen? Egal. Ich kaufe einen Teppich. Ich! Ich habe keine Ahnung, ob der Preis angemessen ist. Ich kann nicht ermessen, wie viele Knoten der Teppich hat. Irgendwas zwischen hunderttausend und einer Milliarde. Aber ich bin immerhin sicher, dass er nicht brennt. Karin meint, das wäre ein guter Kauf. Sie verstünde etwas von Teppichen. Einen Teppich! Brauch ich den überhaupt? Damit haut man ungeübte Reisende übers Ohr. Ich höre das Blut rauschen. Und das diskrete Rattern des Lesegerätes, in dem meine Kreditkarte steckt. Fassungslos über mich selbst steige ich wieder in den Bus ein.

Das gute Fotolicht für den Palast der Winde ist weg, deshalb kann der Bus jetzt einen Parkplatz in der Innenstadt finden, wo wir ein wenig – natürlich nur ein wenig – Freizeit haben. Ich habe Hunger. Garküchen locken, es riecht nach Kurkuma und Kreuzkümmel, in riesigen, wokartigen Pfannen brutzelt es. Aber Garküchen sind auch eine Garantie für Montezumas Rache. Karin meint, ganz Indien sei eine Garantie für Magenweh und Durchfall und dass es jetzt nicht darauf ankäme. Diese Erklärung ist bestechend. Wir kaufen uns jeweils eine Portion Pakora,

frittierte Gemüsenuggets, die uns in ein Stück Zeitungspapier eingewickelt überreicht werden. Pakora ist lecker!
Wir bestaunen die weißen ornamentalen Muster auf der Stadtmauer. Ein Gewirr von Gässchen lädt zum Herumstreifen ein. In einer Gasse gibt es nur Metalltöpfe zu kaufen, in der nächsten nur Schuhwerk, in der übernächsten Kleidung. Was uns befremdet, ist der Dreck. Jaipur ist dreckig. Die Altstadt ist hinreißend und völlig verschmutzt. „Schlimmer als Kairo!", regt Karin sich auf. „Und das will was heißen." Ich kenne Kairo nicht, muss aber auch feststellen, dass die Verschmutzung teilweise nicht mehr steigerbar ist. Kleine Rinnsale verdächtiger Flüssigkeit bahnen sich ihren Weg durch die Gassen. In den Ecken liegen Plastikmüll und verdorbene Lebensmittel. Kühe und Hunde suchen dort nach Fressbarem. Und erleichtern sich auch. Deren Hinterlassenschaft bildet zusammen mit dem Müll einen Matsch, der so nach und nach die kleinen Rinnsale bildet. Der Boden ist rutschig und es riecht nach scharfem Urin und Verwesung. Dafür liegt vor uns ein prächtig verziertes Stadttor. Der Palast der Winde ist auch nur einen Steinwurf entfernt. Ein fliegender Händler verkauft auf seinem Wagen Süßigkeiten und Zuckerwatte. Schlangenbeschwörer lassen ihre Schlangen steigen, die sie in einem Korb mit Deckel unterbringen. Die Schlangen recken sich automatisch, sobald der Korbdeckel geöffnet wird. So weit wie möglich aufgerichtet blicken sie um

sich und schaukeln hin und her. Die Blendung und gewisse Schlüsselreize verwirren sie und sie wissen nicht, wie sie handeln sollen. Die Flöte ist reine Dekoration ohne Nutzwert. Wenn sie genug gewippt haben, bekommen die Schlangen einen leichten Schlag auf den Hals und der Deckel wird wieder auf den Korb gesenkt.

Hinter dem Palast der Winde befindet sich das Observatorium Jantar Mantar. Dort sind riesige steinerne Geräte untergebracht, mit denen man die Stellung der Gestirne ablesen kann. Die Anlage ist etwa 250 Jahre alt. Eine Sonnenuhr hat eine sehr feine Einteilung. Die Zeit ist mit einer Genauigkeit von zwei Sekunden ablesbar. Es gibt mehrere Anlagen dieser Art in Indien. In Europa hat man, um die gleichen Resultate zu erreichen, kleinere Skalen und Fernrohre gebaut. Hier ist alles mit nacktem Auge erkennbar und die dafür notwendigen riesigen Bauwerke sehen wie hypermoderne Architektur aus.

Zurück auf unserem Parkplatz kauert ein Bettler. Ich will nicht hingucken, aber ich muss. Seine Füße stehen falschrum. Sie zeigen mit den Zehen zum Hinterkopf. Laufen kann der Mann nicht. Er krabbelt in einer merkwürdigen Beinstellung erstaunlich behände auf uns zu. Seine Beine sind in sehr ungewöhnlicher Weise vom Körper abgespreizt. Wahrscheinlich hat ihm jemand das Becken gebrochen und die Beine umgedreht. Wer sich ein wenig mit Indien befasst hat, weiß um die kriminellen Bettlermeister. Sie richten verlorene Gestalten so übel zu, weil Behinderte viel mehr

Geld erbetteln als gesunde Menschen. Der Bettlermeister arbeitet wie ein Zuhälter. Ich habe darüber gelesen. Mehrfach. Ich habe auch Filme gesehen. Aber so eine Person wirklich vor sich zu sehen, ist eine ganz andere Sache. Ich mache die Augen zu. Und wieder auf. Er ist immer noch da. Er lebt da. Krabbelt humpelnd durch den Dreck und Staub zu jedem Touristenbus, dessen er ansichtig wird. Mir wird schlecht. In dieser Nacht schlafe ich nicht. Das liegt weder am Lärm, noch an der Hitze, noch an den Mücken.

Tag 4 – Reinigung mit zweifelhaftem Wasser

Die Schlucht von Galta ist ein heiliger Platz für gläubige Hindus. Dort entspringt eine Quelle, die auf geheimnisvollen Wegen vom Ganges gespeist wird. Sagt man. Deshalb ist sie hervorragend dazu angetan, Flecken von der Seele zu waschen.

Die Asphaltierung hört auf, die Straße wird zu uneben und eng für den Bus. So wir fahren mit Tuktuks weiter zur Quelle. Tuktuks sind Motorradtaxis, die vor sich hintuckern. Wenn drei Europäer in einem Tuktuk sitzen, ist es voll. Inder sind da genügsamer. Von denen passen locker zehn in ein Tuktuk. Aber auch Europäer können flexibel sein und im Laderaum Platz nehmen. So tuckern wir immerhin zu fünft in schwindelerregender Fahrt zur Tempelanlage bei der Quelle.

Dort ist es bunt, idyllisch, pittoresk. Man kann blind fotografieren. Egal, was man aufnimmt: Schlicht und ergreifend alles ist sehenswert, jedes noch so schlampig gemachte Bild ein Treffer. Tempel mit Wandmalereien und dekorativen schirmförmigen Hauben, sogenannte Chattris mit Patina und Brüchen, charmant verfallen, fliegende Händler mit Devotionalien, Leckereien, Souvenirs, Hunderte von Frauen, die in ihren Saris immer anmutig aussehen, unabhängig vom Alter und der Ausformung der Figur. Ausgebreitete farbenprächtige Tücher von Bettlern, auf denen die Gläubigen Getreide- und Nussspenden ablegen. Erbärmliche, abgerissene Figuren. Frauen, die am Brunnen Wasser zapfen und die schweren Tonkrüge auf dem Kopf nach Hause tragen. Andere machen es sich etwas leichter und ziehen Plastikkanister vor. Männer, die sich am Brunnen waschen, denn die heilige Quelle dient nicht der Körper- sondern lediglich der Seelenpflege. Kühe, Hunde, Affen. Ein heiliger Baum, umringt von Müll. Und missgebildete Kühe, wunderschön geschmückt. Mit einer missgebildeten Kuh zu betteln ist sehr lohnend. Was für Menschen gilt, gilt auch für Kühe. Aber die Kühe haben es besser, weil man ihnen nicht die Knochen bricht. Die Kuh vor mir hat ein Bein zu viel. Das scheint eine häufiger vorkommende Missbildung zu sein und wird als göttliches Zeichen betrachtet. Die Gläubigen berühren ehrfurchtsvoll das überzählige Bein und zahlen für diese Ehre gutes Geld.

Das heilige Wasser wird auf mehrere Becken verteilt, die nach Geschlechtern getrennt sind. Das Gedränge auf dem Weg zu den Becken ist enorm. Manche Frauen gehen komplett mit Sari ins Wasser, andere entledigen sich weitgehend ihrer Kleidung. Manche besprenkeln sich sparsam, andere tauchen unter. Auf dem heiligen Wasser schwimmen Kerzen und reichlich Unrat. Kein Mensch nimmt Anstoß an den guckenden und fotografierenden Touristen. Ich verfolge das faszinierende Schauspiel eine Weile. Hier befindet sich auf engstem Raum alles, was gemeinhin mit Indien assoziiert wird.

Meine Kamera und ich, wir können uns nicht sattsehen. Ich gehe noch ein Weilchen bergauf, um einen Panoramablick über Jaipur zu bekommen. Doch auch Jaipur ist smogverhangen. Den erhofften Blick auf den Palast der Winde, die Stadttore und die Altstadt bekomme ich nicht zu sehen. Stattdessen muss ich vorsichtig sein. Hier oben leben viele Affen und einige sehen unfreundlich aus. Affen sind neugierig, überaus geschickt und schnell. Sie haben ein fürchterlich scharfes Gebiss, das, in weiches Gewebe gehauen, ziemlich schmerzhaft ist. Ihr Speichel ist voller bösartiger Bakterien, die eine eklige und langwierige ärztliche Behandlung nötig machen. Deswegen ist es gut, wenn Affen einen nicht zur Kenntnis nehmen. Man könnte ansonsten vielleicht ihrem Biss entgehen, indem man ihnen Fotoapparat, Brille oder Geldbeutel überlässt. Darauf habe ich aber auch keine Lust. Ich ziehe mich betont beiläufig zurück, bis die Affendichte spürbar nachlässt und ich nicht mehr Angst haben muss, dass eine Bewegung meinerseits ihre Neugier erregt.
Endlich bin ich wieder auf dem Platz vor den Becken mit den Tempeln und dem bunten Treiben. Eigentlich könnte ich den restlichen Tag hier bleiben, aber wir werden genauso gnadenlos vom Tempelplatz weg getrieben wie eine deutsche Kuh von der Autobahn.
Wir besuchen den Sisodia-Rani-Palast. Er ist mit zahlreichen Wandmalereien verziert, die unter anderem eine Witwe darstellen, wie sie ins Feuer

geht. Witwenverbrennungen finden, wenngleich verboten, auch noch heutzutage statt. Allerdings berichtet die Presse nicht mehr darüber. Eine Witwe, die ins Feuer geht, kann ihr Ansehen beträchtlich erhöhen. Nur hat sie selbst nichts davon. Aber die Angehörigen können sich über diese Lichtgestalt in ihrer Familie freuen. Witwen, die nicht ins Feuer gehen, müssen sich den Kopf kahl scheren und dürfen nur noch einen weißen Sari aus grobem Stoff tragen. Sie werden aus der Familie ausgegrenzt. Viele von ihnen enden als Bettlerinnen oder Prostituierte. Eine Witwe gilt als eine lästige Esserin mehr, ein Störfaktor. Angeblich gehen die Frauen freiwillig ins Feuer. Bei der Perspektivlosigkeit halte ich das sogar für möglich. Ich frage mich, wie das ist, wenn kleine Kinder da sind. Der Papi ist tot. Und die Mami verbrennt sich. An einem einzigen Tag werden die Kinder zu Vollwaisen. Ob es sie tröstet, dass ihre Mutter jetzt eine Lichtgestalt ist?

Im Palast laufen Vorbereitungen für eine Hochzeit. Alles wird mit goldener und pinker Dekoration versehen, weil das die traditionellen Farben für eine Hochzeit sind. Es werden zweitausend Gäste erwartet. Das ist keineswegs ungewöhnlich und verdient somit keine besondere Erwähnung. Frauen heiraten nur einmal im Leben. Eine Scheidung wird von der Gesellschaft nicht akzeptiert, ebenso wenig wie eine Wiederverheiratung der Frau, wenn ihr Mann verstorben ist. Witwen zählen einfach nicht. Das traditionelle Scheidungsverbot gilt auch für die Männer. Stirbt ihre Frau jedoch, gehen sie normalerweise eine neue Ehe ein.

Wir fahren wieder in die Jaipurer Innenstadt. Wieder kommt uns der Bettler von gestern entgegen, andere klägliche und kranke Gestalten folgen ihm. Augen schließen hilft nicht. Der Besuch des Stadtpalastes steht auf dem Programm. Ein paar mitreisende Frauen und ich haben keine Lust auf den Palast. Gestern haben wir im Vorbeihuschen so schöne Kleidung gesehen, das wollen wir einmal näher betrachten.

Die kleinen Kleiderläden sind schmale Schläuche. An der Fassade ist eine repräsentative Auswahl ausgestellt, die mich begeistert. Die Farben! Die Muster! Die Schnitte! Im Geschäft befindet sich eine lange Bank, auf der die Kunden Platz nehmen. Vor der Bank liegen Matratzen. Auf diesen sitzen die Verkäufer. Man sagt, was man möchte, dann suchen sie aus dem wandhohen Regal hinter ihnen die fest in Plastiktüten gestopfte Ware hervor, die man anvisiert hat. Theatralisch gekonnt breiten sie die Textilien aus. Es gibt so schöne Hosen. Pluderhosen mit Gummibund. Einheitsgröße. Der Verkäufer schwört mir, dass mir diese Einheitsgröße passt. Ich bin sicher, dass sie gerade eben nicht passt. Er packt wie besessen Hosen aus. Eine schöner als die andere. Ich will eine Hose anprobieren. Das ist eigentlich nicht vorgesehen, und da es keine Umkleidekabine gibt, werde ich in den Lagerraum geschickt. Dieser Raum ist genial bestückt. Riesige Stapel Textilware sind bis zur Decke gestapelt. Ein knobelfreudiger Rechenkünstler muss ihre Anordnung bestimmt haben. Die Wege sind kurz und knapp, dennoch kommt man überall dran. Kein Zentimeter Platz ist ungenutzt. Die Einheitsgröße passt tatsächlich. Aber ganz, ganz knapp. In der Zwischenzeit hat der Verkäufer noch ein Dutzend Hosen ausgepackt. Aber nachdem ich schon einen Teppich habe, den ich nicht wirklich brauche, bin ich hart zu mir selbst und beschränke mich auf zwei Hosen.

Die anderen Frauen wühlen mit ebenfalls leuchtenden Augen in den Textilien, die sich mittlerweile vor uns türmen. Irgendwann haben wir alle unsere Wahl getroffen. Nun heißt es handeln. Ich hasse es, einen Preis auszuhandeln! Ich weiß, dass man das tun muss. Zum einen um das Gesicht nicht zu verlieren, zum anderen, um die Preise für die Normalbevölkerung nicht hochzutreiben. Anna hingegen handelt für ihr Leben gern. Sie soll für meine Hosen mit handeln, was sie freudig tut. Nun fliegen die Fetzen. Großes Kino auf beiden Seiten. Theatralische Gesten, schmerzverzerrte Gesichter. Anna lässt nicht locker. Sie verhandelt so, wie Inder Auto fahren. Laut, rücksichtslos, fintenreich. Und ich denke, das sind arme Leute. Da soll man nicht das Letzte rausholen. Als wir etwa bei einem Drittel des Ursprungspreises sind, lässt sie endlich locker. Die Ware wird verpackt und ein Verkäufer losgeschickt, Chai Masala zu besorgen, um den Handel zu begießen. Mit einer Plastiktüte voll heißem Tee und ein paar Pappbechern kommt er wieder.

Er schenkt den Tee aus, ohne einen Tropfen zu verkleckern. Wie schafft man so was? Verkäufer und Käuferinnen sind zufrieden. Bis auf mich. Ich schäme mich. Dabei haben wir, wie wir später feststellen werden, mehr als das Doppelte des üblichen Marktpreises bezahlt. Kein Wunder, dass wir Tee bekommen haben.
Abends besuchen wir die Aufführung eines Puppenspielers. Puppenspieler sind eine eigene Kaste. Offiziell sind die Kasten abgeschafft, aber in Wirklichkeit leben sie heftig weiter. Man muss seinen Ehepartner innerhalb der eigenen Kaste finden und darf sich auch nur den Berufen zuwenden, die für die eigene Kaste „erlaubt" sind. Von Gesetzes wegen darf jeder den Ehepartner und den Beruf wählen, den er möchte, aber dann kommt zum Verlust des gesellschaftlichen Ansehens unter Umständen noch ein Skandalfaktor. Somit dürfen Puppenspieler ihr Leben lang nichts anderes machen als Puppen herzustellen und mit ihnen zu spielen. Der Sohn erbt den Beruf vom Vater. Das Puppenspiel selbst vermag mich nicht zu begeistern. Es handelt sich nicht um die indische Form der Augsburger Puppenkiste, sondern um heftig zappelnde Figuren, deren Bildsprache sich mir nicht erschließt. Das Ganze wird untermalt von einer Musik, die für westliche Ohren als gewöhnungsbedürftig bezeichnet wird. Trommelwirbel, Gesang und eine Flöte, die an gefühlt unpassenden Stellen quietschende Töne von sich gibt. Ein Stück heißt „Romeo und Julia" und ist erstaunlich anzüglich.

Der Austausch von Zärtlichkeiten in der Öffentlichkeit und den Medien ist absolut tabu, Sex ist nichtexistent und das gilt ganz konsequent. Andererseits gibt es viele Steinmetzarbeiten und Malereien, die an Deutlichkeit nichts zu wünschen übrig lassen. Echte Menschen benehmen sich, als würden Zärtlichkeit und Sex nicht existieren, doch Meißel, Pinsel und Puppen zeugen von einem großen Wissen und viel Fantasie. Allerdings hört sich „Romeo und Julia" als Titel nicht gerade indisch an. Das ist wohl ein Zugeständnis an die Touristen, die sich sonst wohl eher schnell abwenden würden. Da die Inder wiederum unsere Bildsprache nicht beherrschen, muss etwas her, was auch Europäer anspricht. Die Schnittmengen im Alltagsverhalten von Indern und Europäern sind denkbar gering, aber heiße, leidenschaftliche Liebe gibt es auch in Indien.

Tag 5 – Es wird richtig heilig

Wir fahren nach Ajmer, an einen der heiligsten Orte des Islams. Es ist einer der wenigen, den auch Nichtmuslime betreten dürfen. Hier befindet sich das Grab des sehr populären Sufi-Heiligen Muin-ud-din Chisti. Manchmal soll dort eine aggressive Stimmung herrschen. Wir als erkennbar Ungläubige sollen vorsichtig sein.

Der Bus parkt aufgrund seiner Größe wieder irgendwo draußen vor der Stadt, während wir mit Tuktuks hineinfahren. Wir befinden uns nun in einer nichthinduistischen Stadt. Das merken wir daran, dass es zahlreiche Fleischereien gibt. An großen Haken hängen Fleischstücke und Geflügel vor den Türen der Geschäfte. Viele Männer tragen eine weiße Häkelmütze, einige Frauen schwarze Vollverschleierung.

Hierher kommen Moslems aus ganz Südostasien. Die Stimmung ist im Vergleich zu Jaipur angespannt, aber ich empfinde sie nicht als aggressiv. Das könnte aber blitzschnell umschlagen. In Indien leben die Religionen in einem heiklen Zustand des Waffenstillstandes. Lange Zeit geht alles gut, dann bringt ein oft unbedeutendes Tröpfchen das Fass zum überlaufen. Ein Gewaltausbruch mit Toten kann die Folge sein. In Indien sind religiöse Anschläge relativ häufig und ziemlich blutig. Zwischen den Anschlägen baut sich die Spannung unter den Religionen mit kleinen Hässlichkeiten auf: Da schlachten die Moslems eine Kuh vorm Tempel oder die Hindus treiben ein Schwein durch die

Moschee. Im Augenblick ist es jedoch ruhig und ich hoffe, dass es so bleibt. Aber voll ist es, richtig voll, und das, obwohl vergleichsweise wenig Besucher da sind. Dieses Grab erfreut sich eines ständigen Stroms an Besuchern, der am Urs-Fest im siebten Monat des muslimischen Kalenders (Mai oder Juni) ganz besonders anschwillt. Das heißt also, dass jetzt, im November, relativ wenig los ist.

In diesem Gewirr kleiner Gässchen muss ich höllisch aufpassen, den Anschluss an meine Gruppe nicht zu verlieren. Also drücke und schubse ich mich mit dem Pulk in Richtung Moschee.

Der Bettler auf dem Busparkplatz in Jaipur war nur eine kleine Vorbereitung auf das, was uns jetzt erwartet. Zahlreiche Bettler mit grotesk verdrehten Gelenken sitzen oder liegen auf der Straße, auf der sich die Menschen entlang schieben. Zwei Männer liegen auf dem Boden. Sie bestehen nur aus Kopf und Rumpf. Leise jammernd drehen sie sich einen Meter von ihrem Bettelnapf weg und wieder zurück. Ein Meter Straßenbelag und der Blick auf Abertausende von Beinen – das ist ihre Welt.

Beim Grab müssen wir, wie bei jeder religiösen Stätte, die Schuhe ausziehen. Schuhaufpasser verdienen sich ein kleines Zubrot. Sie stecken Tausende von Schuhen in Fächer und geben sie wieder heraus. Ohne Quittung, ohne Abholschein. Inder wissen einfach, was wohin gehört. Das ist ein echtes Phänomen, das mittlerweile auch Logistikunternehmen interessiert. Inder können Dinge ohne Beschriftung oder Markierung ihrem Bestimmungsort zuweisen. Dabei irren sie sich so gut wie nie. In Mumbai lassen sich Angestellte das frisch gekochte Mittagessen von zu Hause ins Büro bringen. Es wird abgeholt und von sogenannten Dabawallas zugestellt. Quer durch die ganze Stadt. Über mehrere Übergabepunkte. Dabei kommt es im Durchschnitt zu einer Fehlzustellung auf sechzehn Millionen Lieferungen. Die Chance auf einen Lottotreffer ist somit tatsächlich höher als das Pech, sein Essen nicht geliefert zu bekommen. Ich lasse also meine Sandalen vertrauensvoll da und trete in das moscheenartige Mausoleum ein, das aus vielen ineinander verschachtelten Höfen besteht und von mehreren Minaretten umgeben ist, von denen ein Gebetsruf zu hören war. Alle Höfe sind mit bunten Ketten und Girlanden, ähnlich unserem Weihnachtsschmuck, dekoriert. Der Haupthof ist grün, weil dort mehrere Bäume wachsen. Fliegende Händler versuchen, Waren aller Art loszuschlagen, die Besucher fotografieren eifrig mit ihren Handys, obwohl Fotografieren streng verboten ist. Die Wächter schauen gelangweilt weg. Ich habe aufgrund des ostentativ angekündigten Fotografierverbotes meine Kamera gar nicht mitgenommen und ärgere mich jetzt. Es herrscht Gedränge. Vorne geht es zur silbern ausgeschlagenen Grabkammer. Ich ordne mich ein. Als Fußgänger reagieren Inder genauso wie als Verkehrsteilnehmer: Es wird geschoben und vorwärtsgestoßen, jeder Millimeter wird ausgenützt. Vor dem Eingang zur Grabkammer passiert das Gleiche wie an einem Bahnübergang. Durch die Tür passen vielleicht zwei Menschen, es wollen aber fünf gleichzeitig rein. Es wird beinhart gekeilt. Ich werde immer wieder abgedrängt. Dann drücke ich mich irgendwie hinein und werde Teil eines riesigen Organismus, der aus lauter Menschen zusammengesetzt ist. Laufen kann ich nicht mehr. Es läuft mich. Ich bin wie ein Wassertropfen im Ozean, habe jede Eigenständigkeit verloren. Der Organismus bewegt sich nach vorne, zieht sich zusammen, dehnt sich aus. Zieht sich noch mehr zusammen und ich kann mich nicht mehr bewegen, kaum noch atmen. Der Raum ist eng, sehr eng. Zudem stehen Gläubige ergriffen da und beten, nehmen die Welt mit ihren schiebenden Menschenmassen gar nicht mehr wahr. Mein Hirn überlegt, ob es Panikalarm geben soll. Ich versuche, mich zu beruhigen. Ich will nur noch raus! Was ich will, ist aber im Moment völlig unerheblich. Ich werde weitergetragen, gedrückt, geschoben. Ich bekomme eine Ahnung, wie es auf der Love Parade in Duisburg zugegangen sein muss, wo mehrere Menschen totgedrückt wurden. Zudem kommen in Indien jedes Jahr auf großen religiösen Festen Besucher zu Tode. Die meisten werden erdrückt oder zertreten. Ich versuche nur, meine aufsteigende Panik in Schach zu halten und konzentriere mich einzig auf meinen Atem, blende das Drumherum aus. Dann habe ich meine

Runde um das blumengeschmückte Grab überstanden und werde ins Freie geschoben. Meine Erleichterung ist immens. Ich verweile noch einen Moment auf dem Hof und freue mich, dass ich wieder frei atmen kann.

Einen kurzen Fußmarsch über Steigungen und Treppen entfernt befindet sich die Zweieinhalb-Tage-Moschee, die angeblich in zweieinhalb Tagen gebaut wurde, aber so genau lässt sich das nicht verifizieren, weil das fast schon achthundert Jahre her ist. Damals wurde in einem heftigen Religionskrieg der hier stehende Jain-Tempel geschleift und blitzschnell die Moschee auf den Fundamenten errichtet. Von der Moschee sind mittlerweile auch nur noch Ruinen übrig, aber die ehemalige Struktur ist sehr gut erkennbar. Sämtliche Mauern sind mit gehauenen Koranversen verziert. Die Säulenhalle stammt hingegen erkennbar aus früherer Zeit. Allen Figuren sind wegen des islamischen Abbildungsverbots die Gesichter abgeschlagen worden, denn dieses gilt nicht nur für den Propheten, sondern allgemein für Gesichter. In der Säulenhalle wird gebetet. Auf dem Freigelände hingegen herrscht Volksfeststimmung. Händler stehen da mit großen Körben, in denen sich wie überall Nüsse und Süßigkeiten befinden, aber hier gibt es auch knackig geröstete Schwarten, wobei ich mich frage, von welchem Tier sie stammen, denn das Schwein kann es ja nicht sein. Kinder spielen, Ziegen suchen nach Futter, eine leichte Brise weht Plastiktüten und Alupackungen in Spiralen über das Areal.

Wer einen Mülleimer sucht, lädt sich eine frustrierende Aufgabe auf. Diese haben nämlich extremen Seltenheitswert. In den letzten Tagen bin ich stundenlang mit einem Stück fettiger Zeitung, in die mein Essen eingewickelt war, durch die Gegend gezogen. Oder mit einem schmutzigen Taschentuch. Oder einem Trinkröhrchen. Gelegentlich habe ich das lästige Objekt in meiner Hand dem Verkäufer zurückgegeben, der es prompt achtlos auf den Boden fallen ließ. Jetzt lass ich auch alles, was ich nicht mehr brauche, achtlos auf den Boden fallen. Das widerstrebt mir zwar extrem, spart aber ungeheuer viel Zeit. Es ist nicht so, dass es gar keine Mülleimer gibt. Aber ich habe schon mehrere Mülleimer gesehen, die gähnend leer waren. Drumherum stapelte sich der Müll. Speziell das viele Plastik, das auch gelegentlich von den Kühen gefressen wird, die daraufhin elend verrecken, regt mich auf. Ich halte es für möglich, dass das Land in einem Plastikflaschenkollaps erstickt. Auf mich wirkt es so, als stünde die indische Volksseele dem Müll gleichmütig gegenüber. Dass sich direkt neben einem überaus ansprechenden Gebäude ein stinkendes Dreckhäufchen befindet, ist eben so. Oder dass in heiligem Wasser jede Menge Plastikobjekte schwimmen. Inder erleben das im Gegensatz zu uns offensichtlich nicht als Beeinträchtigung.
Wir verlassen diese vollgestopfte Stadt. Nur elf Kilometer weiter befindet sich die für Hindus

heilige Stadt Pushkar. Viel Heiligkeit auf einem kleinen Gebiet! Dieses Städtchen mit seinen 15.000 Einwohnern ist ein berühmter Wallfahrtsort. Während des Kartik-Purnima-Herbstvollmondes, der dieses Jahr in den November fällt, findet der Kamelmarkt statt. Dann wird auch eine Zeltstadt für 10.000 Bewohner errichtet. Ein Bad im Pushkar-See in jener Zeit wäscht die Sünden ganz besonders gut ab.

Unser Bus fährt zu seinem Standplatz, in eine Sackgasse vor einem Hotel. Das Dumme ist nur, dass im letzten Jahr still und heimlich gebaut worden ist. Die Sackgasse wurde geöffnet und weitergeführt. An ihrem Ende befindet sich nun der Busbahnhof. Wir stehen also mitten auf der Straße am Busbahnhof. Wenn wir ins Hotel zu unseren Gemeinschaftszimmern wollen, müssen wir richtig über die Straße. Die Begeisterung über diesen Standplatz hält sich bei allen in äußerst engen Grenzen, aber eine Alternative kann auf die Schnelle nicht gefunden werden. Wir schlagen den Bus auf der Straße auf, was den regulären Busverkehr ins Stocken bringt, da alle Busse vor uns abrupt bremsen und unser merkwürdiges Gefährt in Augenschein nehmen. Wir stehen an einer Ecke, die durch ein Mäuerchen begrenzt wird. Oberhalb des Mäuerchens befindet sich Brachland, auf dem sich halbwilde Schweine herumtreiben, Sauen mit ihren Ferkeln.

„Was willst du in Pushkar?! Gedränge ohne Ende und Taschendiebe", erklärte mir ein befreundeter Inder in Deutschland, als ich ihm von meiner geplanten Reise erzählte. Nur wusste er da noch nicht, dass ich davor Chistis Grab in Ajmer besuchen würde. Denn nach dem Erlebnis können mich Menschenmassen nicht mehr so leicht erschüttern, obwohl nicht nur das größte religiöse Fest des Jahres, sondern auch der Viehmarkt dieses weißgetünchte Städtchen zwischen den Bergen am See in einen Ausnahmezustand versetzen.

Wir gehen zu Fuß zum Brahma-Tempel, dem einzigen Brahma-Tempel Indiens. Er stammt aus dem 14. Jahrhundert und gilt als einer der heiligsten Hindutempel, weil hier der einzige Ort auf Erden sein soll, wo Brahma sich manifestiert hat. Ein labyrinthartiges Gewirr von Gässchen empfängt uns. Darin findet sich ein Panoptikum aus allem, was Indien ausmacht. Sadhus, heilige Männer, die allem Weltlichen mehr oder minder entsagt haben, spazieren mit langen Haaren in orangener Kleidung umher und betteln. Oder sie sitzen im Schneidersitz auf dem Boden und sprechen miteinander. Einer hat Aschezeichnungen auf seinem Gesicht und einen Dreizack dabei. Es ist ein Bild wie aus einer anderen Welt. Geschäfte bieten alles, was das Touristenherz begehrt. Farbenfrohe und fantasiereiche Textilien, Lederwaren, Schmuck, Glöckchen, Räucherstäbchen, Farbpulver und vieles mehr. In Garküchen brutzeln in riesigen, wokartigen Pfannen die verschiedensten Speisen. Es riecht nach Knoblauch, Chili und Kreuzkümmel. Alles rein vegetarisch, denn in dieser heiligen Stadt ist weder Alkohol noch Fleisch zu haben. Immer wieder gibt es Durchgänge zu den Ghats, den Ufertreppen zum See. Sie sind mit bunten Girlanden geschmückt.

Nun sind wir am Tempel, der für die Gläubigen eine herausragende Bedeutung hat, für mich aber nicht. Ein Tempel mehr. Abgehakt. Danach bin ich frei und kann in aller Gemütlichkeit die Gässchen, Geschäfte, Sadhus und das sonstige bunte Treiben auf mich wirken lassen, zu dem auch Bettler und missgebildete Kühe mit einem fünften Bein gehören. Entweder wachsen aus einem Schenkel zwei Hinterbeine oder aus einer Schulter zwei Vorderbeine. Das überflüssige Bein wird mit Bändern und Schleifen geschmückt und liebevoll drapiert. Wer nicht das Glück hat, eine derartig einträgliche Kuh an die Bettelfront zu schicken, staffiert sein Rind dennoch schick aus und färbt dessen Hörner in Ampelfarben ein, sodass viele Kühe gelbe, rote und grüne Hörner haben.

Es wird langsam dunkel, der Vollmond ist zu sehen. Die Gläubigen strömen in die Ghats, um das reinigende Bad zu nehmen. Priester stehen mit Feuerschalen am Ufer. Begleitet von Glöckchen, die von den Gläubigen angeschlagen werden, sprechen sie ihre Gebete. Halter mit Räucherstäbchen werden geschwenkt. Eher zaghaft steigen die Gläubigen voll bekleidet in den See, obwohl das Wasser nicht tief ist und sie kaum ertrinken können. Eine festliche und zutiefst friedliche Stimmung liegt über der Stadt.

Auf dem Rückweg ergibt sich die Gelegenheit, eine typisch indische Wohnung anzuschauen. Immerhin aus Stein statt aus Blech, also Mittelklasse. Das Gebäude sieht aus wie bei uns ein Reihenhaus. Die Wohnung ist nicht größer als eine Garage. Dort stehen zwei Charpois, geflochtene Betten, die als Allzweckmöbel dienen. In dieser Behausung leben etwa sieben Personen. Wer nicht aufs Bett passt, schläft auf dem Boden. In einem Regal finden sich die wenigen Habseligkeiten der Familie, eine Ecke ist als Küche mit diversen Utensilien ausgestattet. Fließendes Wasser gibt es nicht, ebenso wenig wie ein Bad. Strom gibt es jedoch. So sitzen alle auf dem Fußboden vor dem Fernseher. Das können wir alles begutachten, weil es kein Fenster gibt, sondern nur eine Tür, die offensteht. In der ganzen Straße gibt es solche Wohnungen, aber sie sind zu und es dringt kein Licht auf die Straße. An diesem hohen Feiertag sind wohl die meisten Leute außer Haus.

Bald darauf gehe ich ins Bett, weil ich mich erkältet habe und mich schwächlich fühle. Es war ein Tag prallvoll mit Eindrücken, die sich in meinem halbschläfrigen Zustand mit Traumbildern vermengen.

Tag 6 – Eine Kleinstadt wird gestürmt

Wir stehen morgens etwas ratlos da. Wir müssen die Campingtische und das Frühstücksbuffet aufbauen – mitten auf der Straße. Es ist noch früh. Frauengrüppchen laufen an uns vorbei, eine Flasche Wasser in der Hand. Sie verschwinden hinter Ruinen, die auf dem Brachland stehen. Morgentoilette. Immer wenn ein Grüppchen wieder verschwindet, kommen die Schweine. Nun gut, jetzt weiß ich, wovon sie leben. Eine Zeit lang ist es ruhig, dann suchen die Männer mit ihren Flaschen das Brachland auf.

Am Rande des Mäuerchens zum Rotel-Bus stehen ein paar Schweine und keilen sich unter fürchterlichem Gequieke. Ich kriege Angst. Unsere Campingmöbel stehen unmittelbar daneben. Wenn jetzt ein Schwein vom Mäuerchen fällt und Amok läuft, ist die Campingausrüstung und vielleicht der eine oder andere von uns auch hin. Es passiert. Ein Schwein wird vom Mäuerchen runtergeschubst. Ich erstarre. Das Schwein nicht. Es berappelt sich, schüttelt sich, schaut sich um, verlässt behutsam den Ort seines Sturzes und geht die Treppe zum Mäuerchen hoch.

Wir frühstücken sozusagen auf einer Bühne. Alle busfahrwilligen Inder sind unsere Zuschauer. Als wir fertig sind und auch die Männer unserer Gruppe sich brav einreihen und ihr Geschirr spülen, scheinen wir die Einheimischen etwas zu überfordern. Sie wirken jedenfalls irritiert.

Pushkar ist ein kleines Städtchen. Es gibt zahlreiche Hotels, unseren schrägen Bus und eine

Zeltstadt für sonstige Besucher. Hinzu kommt noch eine Unzahl von Kamelen und Pferden. Es ist also richtig voll. Das Festgelände liegt außerhalb der Stadt. Geradeaus geht es zum Jahrmarkt, wo mehrere mächtig in die Jahre gekommene Riesenräder und Kettenkarussells von schlackernden Keilriemen angetrieben werden. Aus riesigen, trichterförmigen Lautsprechern erschallt die Festmusik über das Areal. Links ist der Kamelmarkt, rechts geht es zum Stadion. Da wollen wir als Erstes hin, weil wir ein Programm dafür bekommen haben und den ganzen Tag etwas geboten wird.
Zunächst steht der Wettkampf der Wasserträgerinnen an. Welche Frau kann mit einem schweren Tonkrug auf dem Kopf am schnellsten rennen? Anschließend sind die Männer mit einem Ringkampf dran. Dann sind wieder die Frauen an der Reihe. Es wird „Reise nach Jerusalem" gespielt, die Kandidatinnen werden auch unter den Touristinnen ausgesucht. Ein Heidenspaß. Die Tiere ziehen ein, denn nun werden die schönsten Kamele, Rinder und Pferde prämiert. Wir gehen aber weiter, denn es gibt noch so viel zu sehen.
Ich will jetzt ein wenig allein sein, in meinem eigenen Rhythmus Fotomotive entdecken. Auf dem Weg zum Kamelmarkt befinden sich zahlreiche Stände mit Kamelbedarf. Nicht nur Zaumzeug, Traggestelle und Sättel, sondern auch Bänder, Decken und Schmuck. Alles, was hilft, ein Kamel hübsch zu machen. Ein Gaukler trennt fest verbundene Ringe voneinander. Bevor er sie

wieder vereint, sammelt er Geld. Die Zehn-Rupien-Scheine fliegen ihm nur so zu.
Ansonsten war die Idee, allein loszugehen, nicht wirklich gut. Ich werde auf Schritt und Tritt von einem Wölkchen Bettler und Verkäufer umringt, die die ganze Zeit an mir ziehen und zupfen. Ich bin äußerst genervt. Eine Frau mit einem kleinen Kind bettelt penetrant. Sie will kein Geld, sondern Chapati. Damit kann ich mich anfreunden. Ihr etwas zu essen zu geben, ist in Ordnung, aber ich möchte keine Mafia unterstützen. Sie zerrt mich in einen Laden und holt ein großes Paket Milchpulver hervor. Milchpulver ist in Indien für viele Säuglingstode verantwortlich, weil das Wasser zum Anrühren meist nicht sauber genug ist. Deswegen soll lieber die Mutter gut essen, damit sie ihr Kind vernünftig stillen kann. Ich weise das Milchpulver zurück. Die Bettlerin greift nach einem kleineren Karton von der Babynahrung. Auch den weise ich zurück. Ich biete ihr echte Chapati an. Doch das will sie nicht. Aber ein Milchpulver, das die Bettlerin wieder zurückbringt und sich den Gewinn mit der Ladenbesitzerin teilt – nein, da mache ich nicht mit. Wenn man den Bettlern was zu essen anbietet, weisen sie es zurück. Die Erfahrung machen auch andere Gruppenteilnehmer. Das verstehe ich nicht. Die Leute sind so dünn, die müssen doch alle Hunger haben! Schlägt der Bettlermeister sie etwa zusammen, wenn sie was essen, weil sie dann nicht mehr so elend aussehen? Meine Laune wird noch schlechter.

Allen helfen geht nicht. Wenigen wirksam helfen ist auch nicht so einfach. Und einfach nicht helfen? Da ist man als Europäer einfach jahrhundertelang durch eine Sozialisation der Nächstenliebe gegangen. Das geht bei uns nicht, im Gegensatz zu den Indern. Indien ist das Land der mitleidlosen Gesellschaft. So ist mir schon mehrfach erklärt worden. Wer übel dran ist, wird es in einem vorangegangenen Leben verbockt haben, sodass ihm sein gegenwärtiges Unglück gerade recht geschieht. Gibt man einem Bettler, so tut man das nicht, um einem Bedürftigen zu helfen, sondern um für sich selber Karmapunkte fürs nächste Leben zu sammeln. Deswegen befinden sich an heiligen Orten besonders viele Bettler. Und einige Touristen mit moralischem Unwohlsein. Ich beschließe, nur noch behinderten Bettlern etwas zu geben, obwohl das vielleicht auch wieder falsch ist, denn wenn der Bettlermeister die Einträglichkeit seiner Zöglinge prüft, bricht er vielleicht zusätzliche Knochen oder amputiert Extremitäten. Wie heißt es so schön? Gut gemeint ist das Gegenteil von gut. Ich entschließe mich um. Ich gebe auf der Straße nichts, denn in meiner spirituellen Währung werden die Karmapunkte ohnehin nicht eingelöst. Ich werde jedem Tempel, der Armenspeisungen anbietet, Geld spenden. Möglicherweise hat auch das einen Haken, aber ich höre einfach auf, weiter darüber nachzudenken, denn zu viel Denken auf dem Gebiet könnte irre machen.

Die Kamele tragen an den Fesseln Glöckchen und so klingelt es auf dem ganzen Gelände. Prachtvoll geschmückt, mit Bommeln an Knien und Halfter und einer bunt bestickten Decke auf dem Rücken ziehen sie ebenso prachtvoll geschmückte Wagen, die Leute kaufen ein und verhandeln. In den Zelten für die Menschen stehen jetzt die Pferde, damit ihnen die unbarmherzige Wüstensonne nicht so zusetzt. Die Kamele hingegen brauchen diesen Schutz nicht, denn sie sind perfekt an diese Umgebung angepasst und ohnehin äußerst genügsame Tiere. Sie kommen bis zu zwei Wochen ohne etwas zu trinken aus und können dorniges Gestrüpp fressen. Der Niedlichkeitsfaktor fehlt bei ihnen, ihr Gesichtsausdruck ist durchweg arrogant. Das ist ein bisschen ungerecht, denn es sind sehr freundliche und beeindruckende Tiere.

Zusätzlich zu meinem moralischen Dilemma plagen mich Verkäufer und Bettler weiter. Meine Laune befindet sich im freien Fall Richtung Tiefpunkt und dabei bin ich doch extra wegen Pushkar im November nach Indien gefahren! Ich muss mich aus dieser Lage befreien. Überall werden mir Kamelritte angedient. Den Kamelen wird hinter den Nasenlöchern ein Dorn durch die Nase getrieben. Daran befestigt man die Zügel, und wenn man daran zieht, ist das offensichtlich schmerzhaft. Ein Zug, und die Kamele machen, was sie sollen, wobei sie oft lautstark protestieren. Aber da ist ein Junge, der mit seinem Kamel redet. Mit sanften Worten und Schnalzlauten. Das

Kamel hört aufmerksam zu und macht, wie ihm geheißen wird. Zudem sieht es bei aller Arroganz richtig lieb aus und hat ganz bezaubernde Augenwimpern. Ich genehmige mir einen Kamelritt. Hoch zu Kamel werde ich Ruhe vor allen Ziehern und Zupfern haben, keine Ketten, Armbänder oder geschnitzte Elefanten sollen mein Sehfeld beeinträchtigen. Der Kameltreiber nennt mir seinen Preis. Ich versuche, ihn runterzuhandeln, aber das gelingt mir nicht. Das Kamel stöhnt, als es mit mir auf seinem Buckel aufsteht. Krishna heißt es. Der Treiber heißt Murli. Er ist schon sechzehn Jahre alt. Ich hätte auf etwa zwölf getippt. Normalerweise geht er in die Schule, die ihm bis auf Mathe und Englisch nicht übermäßig gut gefällt. Jetzt hat er aber Schulferien und hilft seinem großen Bruder beim Pushkar-Fest.
Auf dem Kamel zu sitzen ist super. Ich kann alles völlig ungestört beobachten, der Wüstensand pudert mich nicht ein, mein mittelschwerer Rucksack hängt an einem Haken und ich muss noch nicht mal laufen. An einer Tränke versucht Murli, Krishna zum Saufen zu bewegen, aber Krishna will nicht. Krishna ist einfach nicht durstig, denn wäre er durstig, würde er in wenigen Minuten bis zu hundertvierzig Liter trinken. Ich beobachte von oben herab den Viehmarkt und die Wüste. An einer Stelle steht ein indischer Geigenspieler und spielt einer indischen Familie im Kamelwagen eine Melodie vor. Die Inder sehen mich und möchten sich mit

mir fotografieren lassen. Bevor ich noch eine Entscheidung getroffen habe, zwingt Murli den fluchenden Krishna auf die Knie, damit ich absteigen kann. Das tu ich auch, denn das arme Tier soll sich nicht umsonst gesetzt haben, denn sich zu setzen ist etwas, was Kamelen offensichtlich zutiefst widerstrebt. Unterhalten können wir uns nicht, aber mit Händen und Füßen arrangiere ich mich mit der Familie. Murli bekommt Kameras, Handys und Tablets in die Hand gedrückt, mit denen er die Gruppe aufnehmen muss. Nur der Fiedler muss draußen bleiben.
Ich steige wieder aufs Kamel und weiter geht's. Murli sagt, er bringe mich zum Laden seines Bruders, da gäbe es lauter tolle Sachen. Ich sage, dass ich das nicht will. Doch plötzlich geht Krishna vor einem Laden auf die Knie und ein paar lästige Gestalten kommen mit bezaubernden Elefanten, faszinierenden Schildkröten, betörenden Räucherstäbchenhaltern und noch anderen, mit großspurigen Adjektiven bedachten Objekten aus Speckstein auf mich zu. Ich will aber keinen geschnitzten Elefanten und auch keine Schildkröte. Ein Schachspiel vielleicht? Oder ein Schmuckdöschen? „Best price, Madam. Best quality!" Ich will nur noch weg. Und kaufe mich frei. Mit einer kleinen Schildkröte. Aber wer eine Schildkröte kaufen kann, kann doch auch was anderes kaufen, oder? Ein Schachspiel vielleicht? „Best price, Madam". Vielleicht wird man in der Hölle ja gar nicht gebraten. Vielleicht versucht

jemand dort nur pausenlos, einem einen Elefanten oder ein Schachspiel zu verkaufen. Murli sieht keinen Anlass, das Kamel zum Aufstehen zu bewegen. Gerade, als ich überlege, abzusteigen und ohne Bezahlung zu verschwinden, steht das Kamel auf. Als wir wieder am Ausgangspunkt sind, möchte Murli eine Nachzahlung haben, weil wir die Zeit überschritten haben. Vielleicht hat mich das Schicksal nach Indien geschickt, damit ich lerne, nein zu sagen, ohne auszurasten. Nein. Es gibt keine Nachzahlung. Und nein, auch kein Trinkgeld. Kaum dass meine Füße wieder Boden ertasten, hüpfe ich richtig flott vom Kamel. Ratsch! Das war meine indische Hose aus Jaipur, die eigentlich zu klein ist. Sie passt nur bei sittsamen Bewegungen und nicht bei hektischen Abstiegen von Reittieren. Gottseidank habe ich mein Tuch dabei, das ich mir um die Hüften binde. Mit einer faszinierenden Schildkröte im Rucksack und einem Riss in der Hose fliehe ich vom Festgelände.

Die Flucht vom Festgelände gelingt nicht jedem. Große Volksfeste werden auch immer wieder als Möglichkeit genutzt, sich missliebiger Verwandter zu entledigen. In Indien gibt es keine soziale Absicherung. Alles muss die Familie leisten. Das hat bisher auch einigermaßen geklappt. Doch nun werden auch die Menschen in Indien immer älter und somit treten bislang unbekannte Alterskrankheiten auf, die Familien restlos überfordern, wie beispielsweise Demenz. Hilfe gibt es nirgendwo. Also wird der verwirrte Opa auf einem

großen Volksfest zurückgelassen. Eher unabsichtlich gehen auch jedes Jahr Hunderte von Frauen verloren. Analphabetinnen, die nicht wissen, wie ihr Dorf heißt. Doch insgesamt haben die Inder ein erstaunliches Talent, große Volksfeste zu organisieren. Alle zwölf Jahre findet das größte hinduistische Fest Khumb Mela statt. Dabei wird an vier verschiedenen Orten gefeiert, die jeweils einen Tropfen des Unsterblichkeitsnektars abbekommen haben, den die Götter vor Urzeiten beim Streit im Himmel verschüttet haben. Der wichtigste Ort ist die Stadt Allahbad, weil dort die heiligen Flüsse Ganges und Jamuna sowie der mythische Sarasvati zusammenfließen. Je nach Stand der Sterne wirkt ein Flussbad mehr oder minder sündenreinigend. Im Jahre 2013 wurde eine Jahrhundertfeier abgehalten. Es trat eine Konstellation auf, die sich nur alle 144 Jahre zeigt. Allahbad hat etwa 1,5 Millionen Einwohner, aber zu dieser Khumb Mela erschienen dort im Zeitraum von 55 Tagen 100 bis 120 Millionen Gläubige, um ein reinigendes Bad zu nehmen. Natürlich gab es Zwischenfälle, aber keiner davon hat internationale Schlagzeilen gemacht. Die organisatorischen Leistungen der Inder nötigen mir Respekt ab.
Wieder in der Stadt, suche ich ein Restaurant. Ein Schild preist eine Lokalität mit wunderbarer Dachterrasse an. Diese ist in der Tat erhebend. Der Blick schweift über die Stadt, den See, die umgebenden Berge, welche zum Aravalligebirge gehören. Dieses Mittelgebirge ist das älteste

Gebirge der Welt und teilt die fruchtbaren Ebenen von der Wüste Thar, die hier ihren Anfang nimmt. Neben dem Restaurant gibt es noch ein Café mit Tagesbetten, auf denen man, lässig ausgestreckt, den Blick auf die Umgebung genießen kann. Irgendwie lädt das zu spätrömischer Dekadenz mit einem Zweig Trauben und einem Glas Wein ein. Ich meide diese einladende Liegestätte, da ich erschöpft und müde bin und wahrscheinlich sofort einschlafen würde, sobald ich mich in die Horizontale begebe. Ich sitze also artig am Tisch und esse Chapati, diese dünnen Fladen aus Weizen- und Gerstenmehl und dazu Palak Paneer, Frischkäsestreifen in Spinat. Es schmeckt hervorragend. Immer noch müde, aber immerhin satt, trete ich den Rückweg an. Von oben habe ich ihn mir ausgeguckt. Vor zur Moschee und dann rechts hoch. Hier befinde ich mich etwas abseits vom wuseligen Geschehen und habe Gelegenheit, mir die Häuser genauer anzugucken. Sie sind nicht sonderlich gepflegt, aber wunderschön. Balkone, Erker und Vorsprünge sind liebevoll gestaltet, die weißen Fassaden sind mit blauen oder beigen ornamentalen Mustern versehen, fast wie Porzellanmalerei. Und plötzlich bin ich tief in den winzigen Gässchen. Aber das macht nichts. Pushkar ist klein und mit Sicherheit stoße ich gleich auf eine bekannte Stelle. Obwohl, die Maislabyrinthe, in denen ich in meinem bisherigen Leben war, waren eigentlich auch nicht besonders groß, hielten mich aber dennoch geraume Zeit beschäftigt. Nun, Pushkar ist die riesige Variante eines Maislabyrinths. Ich laufe und laufe und laufe, werde noch müder und durstig dazu und habe das Gefühl, in eine Parallelwelt einzutauchen, in der alle Gesetze der Orientierung ad absurdum geführt werden. Ja, im Hotel lagen Stadtpläne von Pushkar aus. Über die ich mich heimlich lustig gemacht habe. Ein Stadtplan für so einen kleinen Ort! Gott straft alle kleinen Sünden. Gegen den Durst gibt es Wasser. Gegen die schweren Beine nichts. Da! Eine bekannte Straße! Ich bin gerettet. Bis alles mir zunehmend fremder erscheint. Ich laufe zurück. Die Straße gabelt sich. Ich gehe nach links. Unbekannte Welten tun sich auf. Es wirkt alles so fremd. Hier bin ich bestimmt noch nicht gewesen. Ich gehe zurück und nehme die rechte Gabelung. Unbekannte Welten tun sich auf. Es wirkt alles so fremd. Hier bin ich bestimmt auch noch nicht gewesen. Wie aber bin ich hier hergekommen? Kann mich vielleicht mal jemand erlösen? Ich sehe den See. Halleluja! Der See ist in der Mitte des Ortes. Von dort müsste ich nur ganz streng den Radius nach außen laufen und bin aus der Stadt raus. Auf dem Weg dahin treffe ich zwei Männer aus unserer Reisegruppe. Ich bin glücklich. Ja, ich erkenne jetzt manches wieder, jetzt, wo ich mit ihnen laufe. Dann wollen sie links abbiegen. Aber das kann gar nicht sein. Den Klaus verunsichere ich, aber Heinz behauptet stur, dass wir wirklich links rein müssen. Ich hoffe, dass er Recht hat. Ich bin müde, durstig, völlig verstaubt und habe eine kaputte Hose. Und eine Schildkröte, die ich nicht brauche. Doch tatsächlich liegt der Weg zu unserem Bus nun offen vor mir. Ich muss schon mehrfach haarscharf daran vorbeigegangen sein. Ich dusche und lege mich ein Weilchen hin, weil ich so erschöpft bin.

Nach etwa einer Stunde wache ich auf. Es ist schon dunkel. Ich habe kein Geld mehr und muss unbedingt zum Automaten. Der ist beim Brahma-Tempel. Den zu finden traue ich mir trotz des vorangegangen Fiaskos zu. Ich schlappe los, denn so richtig wach bin ich nicht. In der Stadt, mitten im Geschehen, passiert es: Ich stolpere. Und schlage der Länge nach hin und rutsche noch ein bisschen auf der schmierigen Straße. Sofort ist eine Traube Menschen um mich herum, um mir zu helfen. Jemand holt einen Hocker, damit ich mich setzen kann. Ich habe mir wohl glücklicherweise nichts gebrochen. Die Kamera funktioniert auch noch, das ist wichtig. Aber Knie und Ellenbogen habe ich mir aufgeschürft. Ein Inder bringt eine Flasche mit etwas Wasser, damit ich meine Wunden reinigen kann. Aber das Wasser reicht nur, um den Dreck besser zu verteilen. Dennoch rührt mich die Betreuung. Sobald mein Puls normal ist, ziehe ich weiter. Aber es ist voll. Ich werde die ganze Zeit angerempelt und das bei meinen offenen Wunden. Ich sollte Pflaster darauf kleben. Ein Laden verkauft Creme und Papiertaschentücher, aber leider keine Pflaster. Man schickt mich in einen Medical Store, eine Art Apotheke. Der

Verkäufer im Medical Store liest gerade Zeitung und fühlt sich durch mich unendlich belästigt. Ich zeige meine Wunden und bitte ihn um ein großes Pflaster. Er seufzt ganz tief. So tief wie möglich. Maximal leidend steigt er auf eine Leiter und holt ein Pflaster im DIN-A5-Format hervor. Da auf dem Tresen eine Schere liegt, bitte ich ihn, das Pflaster durchzuschneiden. Wenn Blicke töten könnten ... Immer noch abgrundtief stöhnend, säbelt er mit der stumpfen Schere an dem Pflaster herum. Dabei sehe ich, dass es keine Wundauflage hat und bitte ihn um diese. Aber das! Geht! Nicht! Er weist mein unzumutbares und ungebührliches Ansinnen ab. Sein Gesicht drückt maximalen Ekel vor dem Leben aus. Ich frage, wer mir eine Wundauflage verkaufen kann, aber das weiß er nicht. Sagt er zumindest, während er einen atemberaubenden Lebensüberdruss zur Schau stellt. Ich habe heute viele Bettler gesehen. Elendsgestalten. Existenziell bedrohte Menschen, misshandelt, gequält. Aber dieser Mann, mit seinem Arbeitsplatz in einem festen Steinhaus toppt sie alle mit seiner Hoffnungslosigkeit. Das Leben ist schon merkwürdig! Ich verpflastere mich irgendwie und suche den Geldautomaten auf, dessen Menüführung ganz anders als in Deutschland ist und der sich heftig bitten lässt, ehe er schließlich zum Glück das gewünschte Geld ausspuckt. Zurück am Bus werde ich wegen meiner Verletzungen getröstet, desinfiziert und fachgerecht verbunden. Aber der Dreck hatte genug Zeit, in meine Blutbahn einzudringen und meine Wunden werden sich mit Sicherheit böse entzünden.

Tag 7 – Es wird noch grenzwertiger

Ich fege den Bus aus und bin fassungslos. Es kommen Riesenmengen Wüstenstaub zusammen. Der Bus wird täglich gefegt, gelegentlich sogar zweimal, aber was hier an Staub zusammenkommt, ist unglaublich. Die Bewohner der unteren Schlafkabinen beschweren sich auch, dass bei ihnen der Staub mittlerweile alles durchdrungen hat. Jeder Widerstand ist zwecklos.
Nachdem meine Hose gestern zerrissen ist, möchte ich eine andere Hose gleichen Typs entsorgen, weil ich ein derartiges Geschehnis nicht noch mal brauchen kann. Ich lege also die andere Hose abseits vom Bus aufs Mäuerchen, damit jemand sie mitnimmt. Wir schlagen den Bus ab und arbeiten uns zentimeterweise aus der Stadt hinaus, da die Ausfallstraße von einer beeindruckenden Pilger- und Händlerschar verstopft ist. Irgendwann ist ein Mann neben dem Bus und klopft ans Fahrerhäuschen, das von der Fahrgastkabine abgesetzt ist. Der Busfahrer reagiert nach einer Weile und öffnet das Fenster. Der Mann reicht etwas herein. Bei der nächsten Pause sagt uns der Busfahrer, dass jemand etwas vergessen hätte. Ein aufmerksamer Passant habe ihm das überreicht. Meine Hose, die ich entsorgen wollte. Dass ich mit dem Gegenteil von Taschendieben konfrontiert werde, damit hätte ich nicht gerechnet.
Heute machen wir Strecke. Es ist, wie immer, ein mühsames und unbequemes Fahren. Wie ein ruckartiges Fahrgeschäft auf dem Jahrmarkt. Die

Landschaft wird immer karger, der Abstand zwischen den dornigen Akazien immer größer. Wir befinden uns im Bishnoi-Land. Die Bishnoi sind ein Stamm, der sich ganz der Erhaltung der natürlichen Lebensgrundlagen verschrieben hat. Sozusagen Umweltaktivisten der ersten Stunde. Bishnoi heißt 29, weil sie 29 heilige Grundsätze haben, darunter solche, dass sie kein Tier töten und keinen Baum fällen dürfen. Vor etwa 500 Jahren traf eine schwere Dürre die Region. Die Bishnoi kamen zu dem Schluss, dass sie nur überleben können, wenn sie in kompletter Harmonie mit der Natur leben. Die Natur verteidigen sie daher auf Leben und Tod. Als ein Maharaja dort Bäume fällen wollte, haben sich die Bishnoi schützend davorgestellt. Das hat den Maharaja jedoch nicht von seinem Vorhaben abgehalten. Er hat die Menschen getötet und die Bäume gefällt. Die Ironie des Schicksals ist es, dass ausgerechnet das Siedlungsgebiet der Bishnoi durch menschengemachte Ursachen in ganz anderen Gegenden immer weiter verdorrt, sodass das Leben dort immer unmöglicher wird. Leider fahren wir nur durch und es gelingt uns nicht einmal, eine Gazelle zu sehen. Ich würde gern eines der Bishnoi-Dörfer besuchen. Es heißt, dass dort Wildtiere zu Besuch kommen und keine Scheu vor Menschen haben. Aber vielleicht ist es besser, solche Orte nicht aufzumischen, obwohl der Zauber, der von ihnen ausgeht, lange anhalten würde. Sicher ist es auch nicht, dass die Tiere kommen würden, wenn Touristen dort wären.

Sarah ist nämlich Vegetarierin und kennt Personen, die schon seit Generationen Vegetarier sind. Sie sagt, als scheu bekannte Tiere gingen auf diese Menschen furchtlos zu. Wahrscheinlich können Tiere unterscheiden, wer Fleisch isst und wer nicht.

Ich trinke aus meiner Wasserflasche. Auf dem Etikett steht, dass ich die Flasche wegwerfen soll, falls Insekten darin schwimmen oder das Wasser grünlich ist. Zum Glück ist weder das eine noch das andere der Fall. Die Mittagspause ist in Nagaur vorgesehen, einer sehr alten Stadt mit dreieinhalb Millionen Einwohnern und verschiedenen Sehenswürdigkeiten. Wir sind aber so schleppend vorangekommen, dass es nur ein schnelles Essen am Straßenrand gibt. Neben den frittierten Gemüsebällchen Pakora gibt es Samosas, dreieckige Teigtaschen, die mit einer Gemüsemischung gefüllt und frittiert werden, außerdem frittierte Kartoffeltaler und frittierte Paprika. In den Garküchen gibt es nur Frittiertes, aber alles ist durchweg lecker.

Unser nächstes Ziel befindet sich in der Nähe von Bikaner, genau genommen in dreißig Kilometer Entfernung von dieser Stadt. Aber so mühsam, wie wir uns bis jetzt durch den Verkehr gequält haben, halte ich dreißig Kilometer nicht für „in der Nähe".

Im Ort Deshnok befindet sich der Karni-Mata-Tempel. Er ist einzigartig. Dort werden Ratten verehrt. Ratten sind nicht meine Lieblingstiere. Gar nicht. Genau genommen würde ich, wäre ich

Dschungelcamp-Insassin, eher noch zu Schlangen oder Spinnen in ein Terrarium steigen, als zu Ratten. Und jetzt fahren wir zu einer Art Riesenterrarium, in dem zwanzigtausend dieser Tiere leben, denen ich unter allen Umständen entgehen möchte.

Karni Mata soll vor etwa siebenhundert Jahren gelebt haben und noch zu Lebzeiten als Heilige verehrt worden sein. Sie wurde die Schutzgöttin der Rajputen. Einer Legende zufolge ist ihr der tote Sohn einer Fürstenfamilie gebracht worden, um ihn wieder zum Leben zu erwecken. Daraufhin habe sie in Trance den Totengott um die Herausgabe des verstorbenen Kindes gebeten. Dieser habe jedoch geantwortet, er könne ihr die Seele nicht übereignen, da das Kind schon wiedergeboren sei. Daraufhin habe Karni Mata geschworen, dass niemand ihres Volkes je wieder das Reich des Totengottes betreten würde und die verstorbenen Seelen nach ihrem Tod gleich wieder als Ratten wiedergeboren würden. Oma und Opa befinden sich also als Ratten im Tempel. Wenn die verstorbenen Seelen das Leben als Ratten hinter sich hätten, sollten sie als Barden wiedergeboren werden. Die fahrenden Sänger waren in der rajputischen Kultur schon immer hoch angesehene Personen und wurden verehrt.

Wie alle Tempel muss auch dieser barfuß betreten werden. In diesem Tempel jedoch darf man auch Socken tragen. Aber meine Socken sind in meiner Reisetasche und meine Reisetasche ist im verschlossenen Schlafabteil.

Bisher habe ich auf dieser Reise Dinge gesehen, die mich entsetzt, empört und erschüttert haben. Aber es waren Dinge, die über mich kamen, bei denen ich zum passiven Subjekt der Geschehnisse wurde. Jetzt aber steht mir das leibhaftige Grauen bevor. Oder auch nicht. Ich kann entscheiden, ob ich mich dem Horror aussetze oder es bleiben lasse. Ich wäre keineswegs alleine, da ein Gutteil der Reisegruppe den Besuch des Tempels kategorisch ablehnt. Gefühlt lehne ich den Tempelbesuch hundertprozentig ab, und es wäre Masochismus in Reinkultur, ihn trotzdem zu besuchen. Andererseits bin ich zu manchen außergewöhnlichen Verhaltensweisen bereit, um gute Bilder zu bekommen. Hier, und nur hier könnte ich außergewöhnlich bizarre Bilder machen. Könnte ich damit leben, diese Gelegenheit wegen persönlicher Befindlichkeiten verpasst zu haben? Die Ratten im Tempel sind bestens versorgt und empfinden die Menschen sicher als Wohltäter. Sie werden mir also wahrscheinlich nichts tun, außer sie merken, wie schrecklich ich sie finde. Vielleicht machen sie sich dann einen Spaß daraus, an mir hochzukrabbeln. Ratten oder nicht Ratten, das ist hier die Frage.
Der Bus hält vorm Tempel. Karin redet auf mich ein, dass ich mit soll. Außerdem wären Ratten nicht eklig, sondern süß, meint sie. Karin verspricht, die Ratten von mir fernzuhalten und sie mir im Notfall vom Leib zu pflücken. Die fehlenden Socken quittiert sie mit der Aussage, dass die Socken bakteriologisch keinen Unter-

schied machen, sondern nur der seelischen Beruhigung dienen. Jetzt kann ich nicht mehr zurück. Augen auf und durch!
Vor dem Tempel sind Verkaufsstände für Rattenfutter aufgebaut. Getreide und Zuckerkügelchen, so hart und so groß wie Hagelkörner. Der Tempel. Schuhe aus. Eine silberne, mit Rattengravuren reich verzierte Tür. Unter den Türflügeln sieht man Schwänzchen hin- und herwuseln. Ich bekomme Gänsehaut. Über den Tempelhof ist Hühnerdraht gespannt, damit kein Raubvogel sich eine Ratte holen kann.
Das Allerheiligste des Tempels darf nur von Hindus betreten werden. Gitter sorgen für einen einigermaßen kontrollierten Einlass. Dieser Tempel wird generell von Leuten aufgesucht, die sehr schwerwiegende Probleme haben. Wir bleiben auf dem Hof, der voller Rattenfutter ist, das schmerzhaft in die Fußsohlen drückt. Rattenköttel gibt es auch, aber die sind immerhin nicht schmerzhaft. An den Seiten wuselt es. In den Nischen, Höhlungen und Vorsprüngen toben die Ratten in großer Zahl, doch genug von ihnen kreuzen auch höchst selbstbewusst auf allen Wegen. Ich überlege, ob ich schreiend davonrennen soll. Aber vielleicht würde ich dabei eine Ratte totrennen und müsste als Sühne dem Tempel eine Ratte aus Gold oder Silber spenden. Das Schauspiel vor meinen Augen finde ich grauenvoll. Aber es ist wie bei einem grässlichen Autounfall: Ich muss die ganze Zeit hingucken. Karin hingegen findet die Ratten putzig und

niedlich und freut sich, dass es einen Ort gibt, wo sie kein mieses Image haben.
An einer anderen Stelle stehen flache silberne Schalen, aus denen die Ratten Milch trinken. Gläubige kommen vorbei und spenden den Ratten Futter. Leider tun sie das mitsamt der Verpackung. Es fliegen also überall in diesem wunderschönen Marmortempel mit seinen silbernen Türen Folien und Tüten herum.
Alle Gläubigen halten Ausschau nach weißen Ratten, denn diese sollen besonders glücksverheißend sein. Auch bringt es Glück, wenn einem eine Ratte über die Füße läuft. Für Glück bin ich grundsätzlich empfänglich, hoffe dennoch, keine leibliche Begegnung mit einer Ratte zu haben. Im Allerheiligsten gilt es als besonders glücksbringend, wenn man vom Rattenfutter isst und trinkt, nachdem die Tiere dran waren. Da habe ich ja noch Glück, dass Touristen diesen Raum nicht betreten dürfen. Ich muss mich also damit nicht auseinandersetzen, und die Bilder bekäme ich sowieso nie wieder aus dem Kopf. Aber hier offenbart sich etwas, was ich an Indien überaus erstaunlich finde. Es hat bisher noch keine Epidemien bei den das Rattenfutter verspeisenden Menschen gegeben. Im Gegenteil: In den neunziger Jahren gab es in Gujarat einen Pestausbruch und die Menschen kamen hierher zum Tempel, um das Rattenfutter als Medizin zu nehmen. Auch verhält sich mein Verdauungssystem wider alle Logik und Empirik vorbildlich. Sogar meine Schürfwunden scheinen gut zu

heilen. Wie kann das sein? Wird am Ende Sauberkeit maßlos überschätzt? Ist Indien diesbezüglich eine von Göttern geschützte Parallelwelt? Oder ist es so dreckig, dass nicht einmal die Erreger überleben können? Ich weiß es nicht. Ich weiß nur, dass Dinge geschehen, die sich mit meinem Weltbild nicht erklären lassen.

Wir sehen zwei Hochzeitspaare, denn dieser glücksverheißende Tempel ist für Hochzeiten sehr beliebt. Die Männer tragen westliche Straßenkleidung und einen bunten Turban, die Frauen goldbestickte rote Saris. Den Schleier haben sie sich übers Gesicht gezogen, sodass sie nicht zu erkennen sind. Die Männer haben rosa Schärpen bei sich, die sie mit den Sarizipfeln ihrer Frauen verknotet haben. Daran führen sie diese nach Hause.

Der Besuch im Rattentempel ist zu Ende. Ein paar Feuchttücher verhelfen mir schnell wieder zu Füßen, mit denen ich mich einigermaßen wohlfühle. Ich habe den Besuch überlebt! Während der Tempel mit seinen Ratten noch in meinem Kopf herumkreist, erreichen wir Bikaner.

Das Junagarh-Fort, der Stadtpalast von Bikaner, ist imposant und sehr gut erhalten. Wir sind zu spät dran, deswegen müssen wir die Führung im Laufschritt machen. Die untergehende Sonne strahlt den Palast an und er leuchtet orange. Die Steinmetzarbeiten sind, wie nicht anders zu erwarten, kunstvoll ausgeführt. Das Fort ist mit filigranen Lackarbeiten und Wandmalereien ausgeschmückt, viele Fenster sind mit Buntglas

und Spiegeln verziert. Wir sehen die Elfenbein-Schlappen des Maharajas. Oder den Wolkensaal, über und über mit Wölkchen verziert. Das Nagelbrett für einen Fakir. Der Frauentrakt ist ganz in Weiß gehalten und an den vielen durchbrochenen Fenstern zu erkennen. In den durchbrochenen Fensteröffnungen finden sich kleine goldene Fenster, die geöffnet werden können. Dies aber nicht, damit die Damen des Hauses mal einen ungestörten Blick nach außen werfen können, sondern damit sie Blütenblätter auf den heimkehrenden Gatten streuen können.
Unser Standort für die Nacht liegt leider am anderen Ende der Stadt, und so müssen wir uns durch den Berufsverkehr quälen. Am Ende landen wir in einem entlegenen Resort. Zum ersten Mal auf der Reise ergibt sich die Möglichkeit, auch ohne Ohrenstöpsel eine ruhige Nacht zu verbringen.

Tag 8 – Go West

Morgens besuchen wir die Begräbnisstätten Devi Kund. Sie liegen außerhalb, fast verlassen, von einem Akazienwäldchen umgeben. Es ist sehr friedlich und ruhig. Üppige Pracht aus Marmor und Sandstein schlägt uns entgegen. Kunstvoll ausgeformte Chattris, sorgfältige Bildhauerei auf allen Sockeln. Ich wundere mich über die prachtvollen Monumente, die den Toten gewidmet werden. Erst recht wenn man bedenkt, dass der Tod nur als vorübergehender Zustand gesehen wird, da die Hindus ja an die Wiedergeburt glauben. Auf manchen Grabplatten befinden sich rote Handabdrücke. Das bedeutet, dass die Witwen mit ins Feuer gegangen sind.

Dann wenden wir uns nach Westen. Marwar. Das Land des Todes. Im Westen ist, strategisch betrachtet, nichts mehr. Die Wüste Thar. Ausgerechnet in der Wüste sehen wir immer wieder Baumwollfelder. Ich bin einigermaßen fassungslos. Diese Pflanzen verbrauchen extrem viel Wasser. Knappes, lebenswichtiges Gut für ein paar Pflanzenfasern. Ein ökologischer Sündenfall allererster Güte! Dazwischen ein paar unbedeutende Orte.

Am Ende des Tages wird das winzige Städtchen Jaisalmer auf uns warten. Mit nur siebzigtausend Einwohnern ist das für indische Verhältnisse nahezu nichts. In Jaisalmer hören alle Wege auf. Westlich davon kommt das Niemandsland. Keine Straßen, keine Orte, nur die Wüste. Und noch westlicher davon die pakistanische Grenze. Heute müssen wir 330 Kilometer fahren. Ich stöhne ein wenig in Erwartung der üblichen Qualen, aber es geht verhältnismäßig flott voran, die Straßen sind ziemlich leer. Unser Bus und eine erschreckende Anzahl Militärkonvois, sonst ist hier fast niemand unterwegs. Die Atommacht Indien und die Atommacht Pakistan sind sich nicht grün. Der Zug des Militärs Richtung Gegner hinterlässt bei mir ein mulmiges Gefühl. Man könnte fast meinen, wir führen in ein Kriegsgebiet. Aber vom Militär abgesehen, ist es friedlich. Das Militär fährt viel disziplinierter als die zivilen Fahrer und so bleibt die ruckartige Fahrweise mit ihren vielen Vollbremsungen aus.

In Phalodi haben wir ungefähr die Hälfte der Fahrstrecke erreicht. Diese Stadt ist durch den Salzhandel berühmt geworden. Wir fahren durch und suchen an der Ausfallstraße ein Restaurant. Wir finden einen einfachen, aber ordentlichen und sauberen Gasthof. Außer uns sind nur noch Soldaten da. In Indien gibt es eine Wehrpflicht, die allerdings noch nie durchgesetzt wurde, da Indien sich vor Freiwilligen kaum retten kann. Armeeangehörige genießen ein relativ komfortables Leben mit einer erfreulichen materiellen Basis. Solange kein Verteidigungsfall eintritt, führen die Soldaten und ihre Familien ein klares, strukturiertes Leben. Hinzu kommt, dass Indien unter einem erheblichen Männerüberschuss leidet und so ist der Dienst am Vaterland für einen Mann eine ehrenwerte Alternative, wenn er keine Frau bekommt.

Ich bestelle mir eine Portion Palak Paneer, Spinat mit Frischkäsestreifen. Der Spinat ist im Gegensatz zu früheren Gelegenheiten nicht dunkelgrün mit ockerfarbenem Stich, sondern richtig giftgrün. Und er schmeckt auch nicht nach Spinat, sondern irgendwie richtig toxisch, chemisch überladen. Zuviel Pflanzenschutzmittel? Also esse ich meine Chapati trocken.
Bald danach geht es weiter und wir erreichen Phokran. Die Gegend ist mittlerweile sehr einsam und vegetationsarm, möglicherweise aber sehr ionenreich. Hier wurden nämlich die indischen Atomraketen getestet. Atomtestgelände und viele Soldaten – das wirkt nicht so richtig vertrauenerweckend. Gleichwohl sind die Atomwaffen in Indien relativ gut abgesichert. Die Raketen ohne Sprengköpfe unterstehen dem Militär. Die Sprengköpfe unterstehen der Waffenindustrie. Sollten diese Waffen eingesetzt werden, muss die Regierung der Industrie den Auftrag erteilen, die Sprengköpfe in die Raketen einzusetzen. Es sind also drei voneinander unabhängige Parteien an der Zündung beteiligt. Theoretisch hört sich das ganz gut an. Wie das in der Praxis funktioniert, wird sich hoffentlich nie zeigen. Im Bus unterhalten wir uns angeregt über dieses Problem und die Zeit vergeht wie im Fluge oder vielmehr: wie beim ungehinderten Rollen. Ein wenig tröstet mich, dass wir auch an Windrädern vorbeikommen. Das ist eine weit sinnvollere Nutzung der Wüste als Baumwollfelder.

Tatsächlich erreichen wir früher als vorgesehen Jaisalmer. Wir parken am Stadteingang. Ein stattliches Tor führt zum Garisarsee. Dieser künstliche See ist das Wasserreservoir der Stadt und muss von einer Regenzeit zur nächsten halten. Doch sogenannte moderne Anbaumethoden zapfen den See zur Unzeit an und gefährden die Wasserversorgung der ganzen Stadt. Umweltaktivisten fordern die Rückkehr zu althergebrachten Methoden, die stets für ausreichend Wasser gesorgt hätten, auch während längerer Dürreperioden. Doch wir haben das Glück, dass die letzte Regenzeit gut war. Alle Reservoirs sind erfreulich gefüllt. Das reduziert die Anspannung bei allen Lebewesen. In kunstvoll gearbeiteten Chattris lagern zu runden Platten geformte Kuhfladen und Äste als Brennmaterial zum Kochen. Eine Bootsvermietung zeugt davon, dass der See auch dem Freizeitvergnügen dient. Ein Inselchen mit Chattris ist voller Tauben, die hier auch verehrt und gefüttert werden. Tauben gehören nicht zu meinen Lieblingsvögeln und so erfreut ihr Anblick mein Herz nicht besonders. Im Wasser tummeln sich irgendwelche Fische, die wir nicht gut erkennen können. Stefan kauft eine Packung Kekse, die er an die Fische verfüttert. Es sind Welse. Riesenwelse, die fast aus dem Wasser springen, um einen Happen zu ergattern.
Wir besuchen ein kleines Heimatmuseum. Privat, liebevoll aufgebaut. Am meisten faszinieren mich eine Art Triptychons oder eigentlich eher Holzbücher zum Zusammenklappen. Darin wer-

den Szenen aus Geschichten dargestellt, die der Erzähler erläutern muss. Power Point auf antik. Natürlich hat der geschäftstüchtige Museumsbesitzer noch ein paar Kuriositäten zu verkaufen, bevor wir uns verabschieden.

Jaisalmer hat den Beinamen „gelbe Stadt", denn fast alle Gebäude bestehen aus gelblichem Sandstein. Bald sind wir an unserem Standplatz bei einem Hotel, einem Palast aus Sandstein. Es gibt sogar ein Schwimmbad. Nach dem Staub und der Hitze des heutigen Tages tut ein Bad so gut! Im Garten blüht es üppig. In dieser lauen Nacht sitzen wir noch lange zusammen und unterhalten uns.

Tag 9 – Reale Märchenwelt

Wir haben einen genialen Standplatz. Beim Frühstück können wir, umringt von Sonnenblumen, der Sonne beim Aufgehen zugucken. Dabei erfahre ich, dass nur junge Sonnenblumen sich nach der Sonne drehen. Wenn sie älter sind, wachsen sie in einer Position fest, in der sie bleiben. Hier kann man auch gleich die Richtigkeit dieser Behauptung überprüfen. Es stimmt. Nur die jungen Dinger drehen sich. Dort, wo die Sonne als riesige Scheibe im wolkenlosen Himmel aufgeht, befindet sich die Begräbnisstätte Bara Bagh mit ihren zahllosen Chattris in einer grünen Oase.

Nach dem Frühstück fahren wir dort hin. Der Name ist Programm. Bara Bagh heißt „großer Garten" und der Begründer hat seine spätere Ruhestätte in einem baumbewachsenen, grünen Areal haben wollen und ließ es künstlich anlegen. Die Bewässerungskanäle sind sichtbar, Akazien und Sukkulenten bedecken den staubigen Boden. Auch die Luft ist außerordentlich staubig. Es ist sehr diesig, wobei genau diese Diesigkeit für ein sanftes Licht und somit für Stimmung sorgt. Die Chattris aus Sandstein sind, wie alle Chattris, zu denen wir geführt werden, kunstvoll gearbeitet. Bauchige Kuppeln mit Rippen ruhen auf verzierten Säulen, die durch Rundpassbögen zusammengehalten werden. Der Sockel zu jedem Chattri ist mit Ornamenten verziert. In der Mitte jedes Chattris befindet sich eine Art steinerner Sarkophag, dessen Oberseite mit Allegorien und

Symbolen aus dem Leben des Verstorbenen verziert ist. Dennoch geht es mir langsam so wie ausländischen Touristen, die in Europa gotische Kirchen besichtigen: Natürlich sind sie alle beeindruckend, kunstvoll ausgeführt und erhaben. Und trotzdem denkt der Durchschnittstourist irgendwann: oh, nicht schon wieder! Aber nachdem ich nun in Bara Bagh bin, lasse ich das Spiel der Farben auf mich wirken. Die kräftigen, ockerfarbenen Gebäude vor dem aquarellartig grünen, blauen und sandfarbenen Hintergrund. Das Spiel von definierten, fein ausgearbeiteten Konturen gegen das im Ungefähren verbleibende Hinterland.
Es geht weiter nach Lodurva. Vor tausend Jahren war dieser Ort die Hauptstadt der damaligen Bhati-Dynastie, bis die Verlegung nach Jaisalmer stattfand. Auf dem Weg dorthin kommen wir durch mehrere kleine Dörfer. Sie sind blitzsauber und aufgeräumt. Hirten in bunten Turbanen treiben ihre Büffel und Ziegen, Frauen holen in großen, bauchigen Tongefäßen Wasser. Es sieht aus wie inszeniert für einen Indien-Film.
In Lodurva befindet sich ein großer, wichtiger Jain-Tempel. Der Jainismus ist eine Religion ähnlich dem Buddhismus. Es gibt keinen Erlösergott, sondern Erlösung kann man nur selbst durch ein tugendhaftes Leben erlangen. Auf dem Weg zur Erlösung kann man sich auf sogenannte Furtbereiter verlassen, denen in den Tempeln gehuldigt wird. Der Jainismus ist nicht sehr verbreitet, denn er ist eine anstrengende

Religion. Seine Anhänger müssen jegliches Leben unbedingt schützen. Dadurch sind ihnen bestimmte Berufe verschlossen. Die angesehene Kriegerkaste ist tabu, aber auch Bauer ist kein passender Beruf, da bei der Bodenbearbeitung Kleinstlebewesen zerstört werden, von der Tierhaltung ganz zu schweigen. Selbstredend sind die Jains Vegetarier, aber nicht nur das. Manche von ihnen essen kein unterirdisch wachsendes Gemüse, da bei dessen Ernte auch Würmer und Ähnliches daran glauben müssen. Alkohol ist auch verboten, Lederprodukte ebenfalls. Man soll immer die Wahrheit sprechen und ein bescheidenes Leben führen. Die geeigneten Berufe aber bringen es mit sich, dass Bescheidenheit nicht an vorderster Stelle steht. Jains arbeiten vorzugsweise als Händler und Banker. Weil sie oft mehr Geld haben, als für ein bescheidenes Leben gebraucht wird, kommt dieser Überschuss den Tempeln zugute. Diese gehören daher mit Abstand zu den prachtvollsten Gotteshäusern, die Rajasthan zu bieten hat.
Eine eigene Architekturrichtung für die Tempel hat sich nicht herausgebildet. Sie werden in Anlehnung an hinduistische Tempel gebaut. Ihr hohes Shikhara-Tempeldach ist schon von Weitem sichtbar. Steinmetzarbeiten werden feinst ausgeführt, sie sind liebevoll und abwechslungsreich gestaltet. Fast sieht der Tempel aus, als wäre er mit Kreuzstich bestickt, die Elemente sind sehr grafisch. Der Haupttempel verbreitert sich nach oben hin, was dem Tempel das Aussehen eines

eckigen Trichters verleiht. Die durchbrochenen Fenster sind alle unterschiedlich ausgestaltet und unsere Kameras haben ordentlich zu tun.

Im Hof steht auf einem Sockel ein Metallbaum. Dieser ist inzwischen von einem Drahtkäfig umgeben, da Vögel darin genistet haben, was nicht gewollt wurde. Es handelt sich um einen Wunschbaum. Man muss sich darunter stellen und sich was wünschen. Ein paar Einheimische kommen mit einer großen Kinderschar. Mit Händen und Füßen versuchen wir, mit ihnen ins Gespräch zu kommen. Sie wollen wissen, woher wir kommen. Es ist friedlich und gemütlich hier. Es gibt kein Gedränge, keine Bettler, keine aggressiven Verkäufer, keinen Dreck. Die kleinen Orte sind fast immer sehr gepflegt, wirken auf den ersten Blick idyllisch und gefallen mir außerordentlich gut. Ein erträgliches Leben scheint aber dort meist nicht möglich zu sein, Landflucht ist ein riesiges Problem. Nach einem Chai Masala mit den Einheimischen fahren wir wieder zurück nach Jaisalmer.

In dem engen Gewirr der Gässchen kann der Bus nicht fahren, deswegen geht es wieder mit Tuktuks in die Innenstadt, heran an die Festung, die schon von Weitem die Stadt trutzig überragt. Hoch aufschießende Mauern, Erker und Zinnen empfangen uns. Daneben fühlt man sich so klein. Es ist wie eine Filmkulisse. Gaukler, Sadhus, Verkäufer und farbige Stoffe erwecken den Eindruck, als wäre man geradewegs in das Szenario für ein mittelalterliches Epos geplumpst.

Ich stelle mir vor, wie dieser Ort auf Reisende gewirkt haben mag, die körperlich völlig erschöpft und aufgrund der Reizlosigkeit der Umgebung geistig gefoltert hier ankamen. Es muss ein sehr beeindruckendes Erlebnis gewesen sein. Ein Mädchen tanzt mit mehreren Messingtöpfen auf dem Kopf auf einem Seil. Der Vater trommelt dazu, die Mutter steht angespannt daneben. Ich bin beeindruckt.
Durch das riesige Tor treten wir in die Festung ein. Darin befindet sich ein richtiges kleines Städtchen. Glatte Mauern ragen hoch auf. Doch ab etwa fünf Metern Höhe ist der Stein bearbeitet. Genau genommen ist ab dieser Höhe jeder Zentimeter Stein bearbeitet. Und zwar aufwendigst. Balkons, Erkerchen, Vordächer, Balkonstützen, Pfeiler, Chattris, Bögen und überhaupt alles, was an althergebrachten architektonischen Formen existiert, ist hier zu finden. Und seinerseits bearbeitet. Eine fraktale Stadt. Kaum dass man eine Struktur erfasst hat, befindet sich darin eine weitere Struktur, und darin wieder eine. Als hätte jemand ein riesiges Tuch aus edelster Spitzenklöppelei über der Festung abgeworfen. Ein Overkill an Perfektion und Eleganz. Ja, ich bin wach und das alles ist Realität. Auf so viel Schönheit war ich nicht vorbereitet! In den engen Gässchen wird alles Mögliche verkauft. Decken, Kleidung, Statuen von kitschig bis geschmackvoll, Toilettenpapier, Feuerzeuge, SD-Karten. Auf dem höchsten Punkt der Festung befinden sich sechs ineinander gehende Jain-

Tempel im gleichen Stil wie der Tempel heute Morgen. Ein großes, mehrsprachiges Schild weist Frauen darauf hin, dass sie die Tempel während ihrer Menstruation nicht betreten dürfen, da sie sie somit entweihen würden. Eine Dachterrasse daneben erweckt mein Interesse. Von dort hat man einen grandiosen Blick über die Festungsmauern und die darunter liegende Stadt.
Wir besuchen ein paar Havelis, die sich außerhalb der Festung befinden. Havelis waren die Häuser der reichen Kaufleute. In der Stadt geht es genauso weiter wie auf der Festung: sie ist ebenfalls ein Museum zum Anfassen. Geballte Schönheit. Gelber und ockerfarbener Stein, kein Gebäude ohne aufwendige, ornamentale Verzierungen. Ein Setting, bei dem man erwarten würde, dass demnächst ein Flaschengeist um die Ecke biegt oder vielmehr wabert. Die Stadt unterscheidet sich von der Festung insofern, dass es am Straßenrand offene Abwasserkanäle gibt. Deswegen leben hier auch viel mehr Tiere. Zwei Kühe stehen unter einem Fenster und schmusen ausgiebig miteinander. Ein Schwein planscht im Abwasserkanal. Manche Häuser sind verfallen. Auch wenn die Abwasserkanäle nicht so schön sind, sind sie letztlich der Garant für die Bausubstanz. Auf der Festung gibt es keine Kanalisation. Das Abwasser versickert im Untergrund. Und löst ihn auf. Es hat schon Unglücke mit einstürzenden Häusern gegeben. Früher, bevor die Touristen kamen, waren es die Städter als Wüstenbewohner gewohnt, mit sehr

wenig Wasser auszukommen. Jetzt aber kommen Touristen, die jeden Tag ausgiebig duschen wollen. Womit sie Stadtauflösung betreiben. Es laufen Bestrebungen, Touristen nicht mehr auf der Festung unterzubringen.

Die zumindest meinen Atem beraubende städtebauliche Exzellenz ist dem früheren Reichtum Jaisalmers zu verdanken. Die Stadt lag an der Seidenstraße und war ein wichtiger Umschlagplatz für Waren und Rastplatz für die Karawanen. Später wurden die Waren hauptsächlich per Schiff transportiert und der Hafen Mumbai wurde wichtiger. Jaisalmer fiel in den Dornröschenschlaf. Die entlegene Lage und das Wüstenklima haben ihre Schönheit erhalten. Und ich würde sie am liebsten sofort unter Denkmalschutz stellen und einen opulenten Film aus 1001 Nacht hier drehen. Der Kulissenbauer hätte nichts zu tun.

Ich wollte nach Indien, um das Taj Mahal zu sehen. Der Rest war eher Beiwerk. Und diese Wüstenstadt, die wegen ihrer ziselierten Balkone berühmt ist, stand halt im Programm. Doch jetzt bin ich so überwältigt, dass das Taj Mahal irgendwie im Rang abstürzt.

Wir werden nun in die Freiheit entlassen. Ich mache mich sofort wieder auf den Weg in die Festung. Die kleine Seiltänzerin tanzt noch immer, fest im visuellen Klammergriff ihrer Eltern. Meine Beeindruckung weicht und macht Mitleid und Empörung Platz. Ein Sadhu will mir einen Talisman verkaufen, der mir einen Wunsch erfüllt. Ich lasse mir ein rot-gelbes Band mit einem duftenden Kern ums Handgelenk binden und wünsche mir, dass die Seiltänzerin mit dem Tanzen aufhören darf. Danach gehe ich die Sträßchen auf der Festung rauf und runter, bis ich müde bin. Bei jedem Gang entdecke ich Neues. Kunstvoll geschnitzte Fensterläden. Fein ziselierte Türeinfassungen. Balkons, die wie ein Vorwand scheinen, um weitere Schmuckelemente an der Fassade anbringen zu können. Ich hab mich in die Stadt verliebt.

Am späten Nachmittag fahren wir in die Dünen zum Kamelritt. Und wir finden in Indien die Einsamkeit. Sehr weit ist es nicht, aber bald sind wir das einzige Fahrzeug. Wir kommen zu einer Karawanserei, die ganz in Weiß gehalten ist. Nur die Kamele und wir. Einsamkeit und die sinkende Sonne. Nein, da möchte ich für mich alleine sein und auf den Kamelritt verzichten. Ich begleite die Karawane ein kleines Stück zu Fuß. Dann bleibe ich in den Dünen. Wellenmuster. Lang gestreckte, gestauchte Dünenkämme. Wenn die Sonne andersrum stehen und ihre Schatten auf die andere Seite werfen würde, könnte ich sensationelle Bilder machen. Ein Kamel stolziert majestätisch mit seinem Führer vorbei, der ein weißes Gewand und einen leuchtend orangen Turban trägt. Er möchte fotografiert werden. Wie schön, wenn die Wünsche von Fotografin und zu Fotografierendem so übereinstimmen!

Die Wüste lebt! Auf den Dünen wachsen und blühen Pflanzen. Gelbe und weiße Blüten lugen zwischen den dornigen Gewächsen hervor, zittern leicht im Abendwind. Die Kamele kehren zurück und werden angeleint. Wenn sie sitzen, werden ihre Zügel auf den Boden gelegt und um einen großen Stein gewunden. Die Wirkung muss psychologisch sein, denn ein Kamel könnte die Kraft des Steins mühelos überwinden. Die Sonne steht schon tief. Wir müssen unbedingt zurück in die Stadt, bevor es dunkel wird.

Tag 10 – Pilze auf Rädern

Wir schlagen den Bus ab. Ich habe große Probleme, die vielen schönen Dinge, die ich gestern gekauft habe, unterzubringen. Aber schließlich habe ich alles in meiner bedenklich gespannten Reisetasche. Heute wird wieder Strecke gemacht. Das ist auch ganz gut, um die Eindrücke sacken zu lassen.

Wir halten in einem kleinen Dorf, das man eigentlich in Afrika wähnen würde. Es besteht aus runden Lehmhütten mit Strohdach. Die Erwachsenen sind alle weg, die Kinder wollen Geschenke. Sie bekommen von uns Kugelschreiber, Blöcke, Seife. Sie sind enttäuscht. Sie wollen Bonbons. Die Jungen nehmen den Mädchen sofort alle Geschenke ab. Diese wehren sich nicht, sind schon von klein auf darauf getrimmt, sich klaglos unterzuordnen. Alles ist sehr sauber und ordentlich. Die Rundhütten werden als Vorratsspeicher genutzt. Baumzweige und getrocknetes Laub liegen darin. Etwas anderes wächst ja hier auch nicht. Alle Wände und Mauern sind sehr sauber verputzt. In den Lehm wird auch immer Kuhdung gemischt, weil dieser die Fliegen abhält. Stinken tut er nicht. Ein traditionell gebauter Brunnen mit Seil und Eimer ist zugedeckt. Das Seil ist sehr lang, was Rückschlüsse auf die Tiefe des Brunnens erlaubt. Die erwachsenen Ziegen des Dorfes sind, wie fast alle Tiere in Indien, alleine und frei unterwegs. Die jungen Ziegen befinden sich in einem Rundgehege aus Dornengestrüpp.

Wir müssen die Kinder fotografieren. Sie freuen sich sehr über die Bilder und haben Spaß dabei. Mir tut es inzwischen leid, dass ich keine Polaroid-Kamera habe. Ich hätte sehr vielen Menschen eine große Freude machen können, wenn ich ihnen ein Bild von sich geschenkt hätte.
Es geht weiter. Sanddünen in vielfältigen Formationen säumen die Straße, auf der sich beeindruckend überladene LKW befinden. Die Laster sind so groß wie bei uns und der Laderaum ist nach oben hin offen. Natürlich ist er voll. Auf die bereits vorhandene Ladung kommt noch mal so viel Ladung drauf, sodass der Laderaum nun doppelte Höhe hat. Aber damit nicht genug. Nachdem die lästigen Laderaumwände nicht mehr die Breite beschränken, lässt man die Ladung auch in die Breite wachsen, sodass die LKW ein bisschen aussehen wie Pilze. Kontrollen gibt es aber hier in dieser dünn besiedelten Gegend wohl nicht, und so werden die Fahrzeuge hemmungslos bepackt, bis sie gerade eben noch fahrbereit, ansonsten aber höchst instabil sind. Ich staune dennoch, was ein normaler Laster so alles aushält. Ein bisschen Angst habe ich auch, dass sie beim leichtesten Windstoß oder einer kleinen Unebenheit einfach umkippen.
Hin und wieder halten wir an einer Raststätte, wo es Chai, kalte Getränke und höchst zweifelhafte Toiletten gibt. In dieser Einsamkeit gibt es aber auch Pinkelpausen am Straßenrand, allemal die bessere Alternative. Endlich lässt sich die Nähe der Stadt Jodhpur erahnen. Was für ein Glück!

Nach der langen Zeit kann ich kaum noch sitzen. Doch jetzt fängt wieder der ätzende Stadtverkehr an und wir müssen ganz durch. Durch Straßen mit wildem, ungeordnetem, dichtem Verkehr, Staus, engen Kurven und gemütlich ruhenden Kühen. Das dauert. Unser Ziel auf einem großen, roten Felsen ist weithin sichtbar und schließlich sind wir dort. Es ist der Umaid-Bhawan-Palast. Ein riesiges, aber deshalb nicht unbedingt schönes Bauwerk steht vor uns. Diesen Palast hat ein Maharaja vor etwa 90 Jahren bauen lassen. Architektonisch ist er eine Mischung aus westlichen und östlichen Baustilen, die für mich wenig überzeugend ausfällt. Ein lang gestreckter Baukörper. Vier Türme. Eine riesige Kuppel. Auf mich wirkt der Palast wie eine Mischung aus Petersdom, einer Moschee und einer protzigen, stalinistisch angehauchten Behörde. Rein bautechnisch ist er aber sehr interessant. Er wurde ohne Mörtel zusammengefügt. Das muss man sich so ähnlich vorstellen wie Legosteine. Nur eben in groß. Bauelemente, die zu schwer waren, um sie an die richtige Stelle zu bringen, wurden auf Eisblöcken gelagert. Wenn das Eis dann schmolz, rutschte das Teil in die richtige Position. Mit dem Bau des Palastes wurde begonnen, weil eine große Dürre das Land heimsuchte und die Bauern keine Arbeit hatten. So aber standen 3000 Männer 14 Jahre lang in Arbeit und Lohn. Damit verzeihe ich dem Legopalast sein Aussehen. Aber, wie viele seinesgleichen, verarmte auch dieser Maharaja und ließ den Palast verfallen. Inzwischen ist er

renoviert und dreigeteilt: in eine Residenz, ein Museum und ein Luxushotel. Und dieses Museum ist unser Ziel. Es sind auch viele Einheimische hier und so werden wieder jede Menge Menschenfotos gemacht.
Im Inneren arbeiten weiß gekleidete Museumsdiener mit Turbanen. Es sind Hindus, denn sie haben ihre Schnurrbartspitzen nach oben gedreht. Moslems hingegen lassen sie nach unten hängen. Zwar ist der Palast innen reich ausgeschmückt, aber im Vergleich zur überbordenden, barocken Pracht, die wir bisher zu sehen bekommen haben, wirkt er nüchtern und kalt, weil ganze Wände aus glattem, schmucklosem Stein bestehen. Wandgroße Gemälde sind aufgehängt. Für uns Alltag. Für Inder eher die Ausnahme. Im Ausstellungsareal der Luxus-Oldtimer des Maharaja ist der Andrang groß. Es wird mächtig geschubst. Aber um einen guten Aussichtsplatz für europäische Edelkarossen muss ich mich Gott sei Dank nicht kümmern, denn das, was für die Inder eine Sehenswürdigkeit ist, kennt bei uns jeder.
Ich bin nun müde und freue mich, dass wir am Zielort sind. Doch bis wir endlich unser Hotel erreichen, dauert es. Wir müssen wieder mitten durch die Millionenstadt. Menschen, Pferde, Kühe, Ziegen, Tuktuks. Schließlich sind wir am Stadtrand in einem schönen Resort. Es ist ansprechend, grün, gepflegt und umgeben von imposanten Sandsteinfelsen. Ruhig ist es hier. Endlich mal wieder eine erholsame Nacht!

Aber das Personal arbeitet eifrig auf der Partywiese, schleppt unermüdlich Stühle, Tische, Kulissen von Walt-Disney-Märchen und Dekorationsgegenstände heran. Als die Bühne mit dem Märchenschloss steht, betritt sie eine Band. Die ersten Töne sind kernig. Richtig laut. Aber nicht für indische Verhältnisse. Denn die Anlage wird weiter aufgedreht. Bald versteht man sein eigenes Wort nicht mehr. Die ganze Veranstaltung entpuppt sich als Kinderfest! Hunderte von Besuchern trudeln ein. Das Geburtstagskind tritt vor und nimmt huldvoll seine Geschenke entgegen. Dann wird zur Musik getanzt. Bis zum Morgengrauen. Und in einem deutschen Bus am Rande der Festwiese drehen sich zwanzig Leute in ihren viel zu engen Kabinen im Kreis im Wissen, dass der Schlaf sich auf die Flucht begeben hat.

Tag 11 – Göttliche Pracht und irdischer Sound

Völlig gerädert Gestalten entsteigen morgens den Kabinen nach einer Nacht akustischer Folter. Müde und zerschlagen machen wir Frühstück. Iris ist in Tötungslaune. Ich bin froh, dass wir heute nicht weit fahren, weil unser Fahrer Max ja auch nicht richtig geschlafen hat. Gleich fahren wir ohnehin mit einem lokalen Bus, weil wir Orte besuchen werden, wo der Rotel-Bus nicht hinkommt. Ich melde mich ab, weil ich noch auf die Toilette muss. Als ich wiederkomme, ist der Bus weg! Ein zufällig dastehender Tuktuk-Fahrer erfasst die Situation sofort und bietet mir an, den Bus einzuholen. Tuktuk-Fahrer fahren immer wagemutig, immer an der Grenze, immer ohne Rücksicht auf Verluste. Aber jetzt – das ist das reinste Himmelfahrtskommando. Der Fahrer findet den Bus, stellt ihn und schneidet ihm den Weg ab. Lauter verschlafene Gesichter blicken erstaunt, als ich einsteige. Im Bus hängen mehrere religiöse Bilder. Die Heiligen sollen für die Sicherheit sorgen, der Busfahrer kümmert sich ums offensive Gasgeben.

Bald erreichen wir den Mandor-Komplex. Wieder sehen wir imposante Begräbnisstätten, diesmal sind es welche der Rathor-Dynastie. Sie liegen eingebettet in einen Park mit Bächlein und Seen inmitten prächtiger Bäume. Hohe Sandsteinfelsen umgeben sie, oben sonnen sich Affen. Eigentlich sieht es hier sehr schön aus. Aber nur eigentlich.

Ich versuche, ein Panoramabild vom entzückenden Seerosenteich zu machen, aber egal, welche Tricks ich anwende oder für welche Perspektive ich mich entscheide: Ein Bild ohne dahintreibende Plastikflaschen ist nicht möglich. Die Chattris sind, wie nicht anders zu erwarten, ein Feuerwerk der Bildhauerkunst. Eine Tempeldienerin hat eine größere Auswahl Besen vor sich ausgebreitet, sucht nach sorgfältiger Abwägung einen heraus und fängt an, die Chattris zu fegen.
In fußläufiger Entfernung liegt der Schrein der dreihundert Millionen Götter. Ich habe sie zwar nicht gezählt, tatsächlich scheinen es aber bedeutend weniger zu sein, aber trotzdem allemal genug. Inder haben allgemein Spaß an großen Zahlen. Nicht umsonst haben sie die Null erfunden, mit der man große Zahlen handlich und kompakt darstellen kann. Der Hinduismus ist gewissermaßen ein Supermarkt der Götter, wo jeder Gläubige sich aus dem Angebot herauspicken kann, was ihm am ehesten zusagt. Dort regiert nämlich eine Heerschar von Göttern und die Gläubigen konzentrieren sich auf diejenigen, die sie am meisten mögen. So hat jeder Hindu seine Lieblinge, die er verehrt. Die Zahl der Götter ist nicht beschränkt. Es kommen immer wieder neue hinzu, andere geraten in Vergessenheit. Ich stelle mir das so ähnlich vor wie ein Christentum ohne Gott, dafür aber mit einem Universum an Heiligen. Es gibt im Hinduismus keine Heilige Schrift. Deshalb ist es ziemlich schwierig zu bestimmen, was der Religion zuzuordnen ist und

was der Überlieferung. Hindu kann man streng genommen nicht werden, denn als solcher kommt man zur Welt. Man kann aber auch als Hindu Atheist sein. Die Anzahl der wichtigsten Götter ist relativ überschaubar, aber diese können verschiedene Erscheinungsformen (Avatare) haben, je nachdem mit welcher Inkarnation von ihnen man es zu tun hat. Die wichtigsten Götter sind der Schöpfergott Brahma, der Erhalter Vishnu und der Zerstörer und Erneuerer Shiva. Diese drei Herren sind mit Göttinnen verheiratet, die ihre Ausrichtung teilen und ebenfalls verschiedene Avatare haben. Brahma ist mit Sarasvati verheiratet, Vishnu mit Lakshmi und Shiva mit Parvati. Da die Schöpfung weitestgehend erledigt ist, hat Brahma nicht mehr so viel zu tun und ist mittlerweile relativ bedeutungslos geworden. Von den beiden anderen ist Vishnu der eindeutig beliebtere. Sehr beliebt ist auch der Affengott Hanuman. Seinetwegen gelten Affen als heilig. Am beliebtesten ist Ganesha, der Gott mit dem Elefantenkopf. Er ist für das Glück und das Wissen zuständig.

In einem langen Gang sind Statuen der wichtigsten Götter ausgestellt. Vishnu in seiner Inkarnation als Krishna, wie immer ganz in Blau. Als Kind wurde er einmal von einer Hexe mit vergifteter Milch gestillt. Daraufhin lief er blau an, starb aber nicht. Als Krishna ist er mit Radha verheiratet. Die beiden lieben sich über alle Inkarnationen hinweg leidenschaftlich, aber als Krishna und Radha sind sie das Sinnbild für

romantische Liebe. Krishna haben auch die Kühe ihre Heiligkeit zu verdanken. Er hatte eine schwere Kindheit und ihm wurde oft nach dem Leben getrachtet. Als Hirtenjunge, umgeben von Kühen, konnte er aber einigermaßen behütet aufwachsen.
Brahma hat vier Köpfe und dreht jeden in eine Himmelsrichtung, der Sonnengott Durga reitet auf sieben Pferden gleichzeitig, Ganesha ganz in Rosa. Um die Götter schwirren Engel herum. Hinduistische Engel haben insofern Ähnlichkeit mit christlichen, weil auch ihnen Flügel aus den Schulterblättern wachsen. Ansonsten aber handelt es sich nicht um unschuldige, blond gelockte Kinder, sondern um ausgewachsene Frauen mit sexy Formen. Sie tragen Kronen und aufwendig gearbeitete Kleider.
Wir gucken uns also die Götter an und werden unsererseits von den Affen beobachtet. Sie sehen sofort, dass wir nichts zu essen dabei haben und trollen sich glücklicherweise wieder. Wir hingegen besteigen den Bus mit den vielen Heiligenbildern und fahren rasant weiter zum Mausoleum Jaswant Thada. Umgeben von hohen, nackten Sandsteinfelsen thront es majestätisch an einem idyllischen See und hebt sich durch seinen strahlend weißen Marmor vom rötlichen Umfeld ab. Schon von Weitem sieht man, dass da meisterliche Bildhauer am Werk waren, weil der Bau reich verziert ist. Näher kommen wir nicht heran, die Zeit ist zu knapp und von hier hat man die beste Perspektive. Ich bin nicht unglücklich

darüber, denn auch bei der filigransten Bildhauerkunst kann eine Sättigung auftreten. Ich freue mich vielmehr, dass der See am Fuß der Felsen sauber ist. Schilf säumt die Ufer, Enten schwimmen umher. Auf einem toten Baum sitzen Kormorane und trocknen ihr Gefieder. Wenn man die Felsen noch ein wenig heraufkraxelt, hat man auch einen beeindruckenden Blick auf die Festung Merangarh, die wir als Nächstes besuchen werden.

Indien, Land der Klischees. Taj Mahal. Märchenpaläste. Schlangenbeschwörer. Heilige Kühe. Heiliger Ganges. Grenzenloses Elend. Festungen zählen nicht dazu. Aber sie sind in Rajasthan allgegenwärtig und überaus beeindruckend. Hoch auf einem Felsen thront die Burg. Glatte, steile Mauern umschließen sie, bis wieder die fabelhaften Steinmetzarbeiten in den oberen Geschossen beginnen. Eine Art chinesische Mauer schließt sich an, umgibt das Land, soweit das Auge reicht. Ein prächtiges Tor empfängt die Besucher. Dahinter befindet sich ein riesiger Palast, der eine Ahnung vom Glanz des damaligen Maharajas zu erkennen gibt. Im Gegensatz zu anderen Festungen scheint es hier keine Wasserprobleme zu geben. An einem Brunnen schöpfen zwei Frauen gerade Wasser, das funktioniert ohne größere Anstrengung. An den entstandenen Pfützen halten sich große Mengen an Streifenhörnchen auf. Diese possierlichen Tierchen sind überall zu finden und besetzen wohl die Nische, die in unseren Breitengraden

Mäusen und Ratten vorbehalten ist, da letztere Nager außerhalb bestimmter Tempel kaum anzutreffen sind. Die Streifenhörnchen hingegen sind sehr hübsch und obendrein richtig niedlich. Das gilt besonders hier, wo auch Hörnchenbabys dabei sind. Ich stehe mit Sarah da und wir gucken fasziniert dem Treiben der Hörnchen zu.

Von der Festung aus hat man einen wunderbaren Panoramablick auf Jodhpur, die blaue Stadt. In der Altstadt sind fast alle Häuser blau gestrichen. Das soll angeblich die Insekten fernhalten. Früher durften nur die Brahmanen blaue Häuser haben, aber zumindest in Jodhpur ist eine Volksbewegung daraus geworden.

Nachdem wir uns eine Weile in den historischen Gemäuern aufgehalten haben, kommen wir an Kacheln mit Handabdrücken vorbei. Zweiunddreißig Hände. Zweiunddreißig Frauen, die damals zum toten Maharaja ins Feuer gesprungen sind. Nachdem der Gatte verblichen war, haben sie ihre schönsten Saris angelegt, noch ein paar wohltätige Werke vollbracht und sind singend und beseelt vom Gedanken, gute Frauen zu sein, ins Feuer gegangen. Ihre Handabdrücke haben sie hinterlassen, als sie zum letzten Mal das Haus verließen.

Wir sehen Fritz und Antonia bei einem Handleser sitzen und stoßen neugierig hinzu. Ein sehr charmanter, schmaler Mann erzählt Fritz gerade ein paar Dinge über die Gründung seiner Firma und Fritz staunt. Der Handleser erzählt noch einige Vorkommnisse, über die Fritz ungläubig den Kopf schüttelt. Zudem leidet Fritz an Kalkmangel, soll auf seinen Blutdruck achten, wird 85 Jahre alt und wird im Alter keine Sorgen haben. Dann ist Antonia dran. Sie schüttelt hin und wieder zögerlich den Kopf. Ganz überzeugend scheint es nicht zu sein, was der Handleser herausfindet. Am Schluss weist er Antonia darauf hin, dass sie an Kalkmangel leide, auf ihren Blutdruck achten solle, 85 Jahre alt wird und im Alter keine Sorgen haben werde. Inzwischen sind Sarah und ich so neugierig, dass wir auch wissen wollen, was er uns über uns sagen kann. Der Handleser plaudert ein wenig mit mir, befühlt meine Hand, streckt meine Finger, greift zu einem Lineal und einem Filzstift und malt, wie bei den anderen auch, Punkte auf meine Handfläche. Dann kneift er die Augen zusammen und überlegt. Er sagt mir erst mal, was für ein Mensch ich bin und schaut mich dabei fragend an. Da er lauter erfreuliche Eigenschaften nennt, nicke ich natürlich eifrig. Anschließend erzählt er mir mein Leben. Aber bei Kinderzahl, beruflicher Ausrichtung und einschneidenden Erlebnissen liegt er komplett daneben. Er misst noch mal nach, malt neue Punkte, aber auch seine neuen Erkenntnisse decken sich nicht wirklich mit meinem Leben. Immerhin stellt er fest, dass ich Kalkmangel habe. Ich soll auf meinen Blutdruck achten, dann werde ich auch 85 Jahre alt. Finanzielle Sorgen werde ich im Alter nicht haben, ganz im Gegenteil. Die Zeit wird knapp, gleich müssen wir zur Gruppe stoßen, aber Sarah

will auch noch über sich Bescheid wissen. Davon abgesehen, dass sie auch Kalkmangel hat, ihren Blutdruck überwachen soll und sorglos 85 Jahre alt wird, liegt der Handleser bei ihr erstaunlich akkurat.
Wir eilen an den Kacheln mit den Handabdrücken vorbei zum Treffpunkt. Von dort gehen wir alle zusammen über einen steilen Weg runter in die Altstadt. Eine Frau sitzt mit einem Berg Kokosnüsse in einer Ecke und zieht die Fasern ab. Wir gehen zum Gewürzhändler. Er kredenzt uns einen wahrhaft aromatischen Chai Masala, dann beginnt eine Verkaufsveranstaltung wie bei einer Kaffeefahrt. Zusammen mit Karin verlasse ich diesen Ort des Vergnügens.
Draußen lockt der städtische Markt – und Sonnenschein. Würde es Bindfäden regnen, wäre ich im Notfall bereit, so eine Veranstaltung über mich ergehen zu lassen. Iris schließt sich uns an. Der Markt ist bunt. Sehr bunt. Obst und Gemüse sind ansprechend gestapelt: Blumenkohl, Okra, kleine, eiförmige Auberginen, Ingwer, Zitronen, Kurkuma, Chilis, Tomaten, Radieschen und vieles mehr. Billige Kinderkleidung mit Disneymotiven, aber auch farbenfrohe Saristoffe sind dekorativ ausgehängt. Der Kornhändler mahlt mit einer laut knatternden Maschine Mehl. Ein Reis- und Linsenhändler bietet in einer Unzahl großer Metallschüsseln viele verschiedene Sorten an. Überall liegen Dreckhäufchen. „Dieser Müll!", ruft Iris aus, „wie kann man nur so leben! Ich fahre nie, nie mehr nach Indien!"

So weit würde ich nicht gehen, aber der Dreck, die Nachlässigkeit, das offensichtliche Fehlen jeglichen Gemeinsinns in größeren Orten ist auch etwas, woran ich mich reibe. Und tatsächlich gibt es auf diesem Markt genug Reibflächen. Mich erstaunt aber, dass es so wenig Fliegen gibt. Angesichts des Mülls müsste der Markt eigentlich vor lauter Fliegensummen vibrieren. Andererseits sollen die Ausscheidungen der Kuh gegen Fliegen helfen. Das betrifft aber wohl nur indische Kühe, denn Kühe anderer Länder sind von Fliegen bedeckt. Wir bewegen uns also durch eine fliegen-, mäuse- und rattenfreie Umgebung voller Müll, voller Leben und voller Farbenpracht.
Nachdem wir uns auf dem Markt mit Zimt, Kardamom, Safran und Kurkuma eingedeckt haben, gehe ich mit Karin auf einer Dachterrasse essen, von der aus wir das Marktgeschehen beobachten können. Für den kleinen Hunger gibt es Papad Masala, sehr dünne, sehr krosse Fladen aus Linsen- und Reismehl, die mit Tomaten, Zwiebeln und Koriandergrün belegt sind.
Nachmittags bummle ich mit Karin durch die Altstadt. Tuktuks und Kutschen, die von sehr mageren Pferden gezogen werden, dienen sich uns pausenlos an. Irgendwann sind wir müde und nehmen ein Tuktuk zum Hotel. Wir legen dem Tuktukfahrer die Visitenkarte des Hotels vor, handeln den Preis aus und fahren los. Die Fahrt zieht sich, aber es war ja auch eine ganz ordentliche Strecke. Doch irgendwann wird es vollends fremd. Hier sind wir mit Sicherheit auf

dem Hinweg nicht vorbeigekommen! Wir sprechen den Tuktukfahrer an, aber offensichtlich kann er kein Englisch. Er bittet uns noch mal um die Hotelkarte, zeigt sie anderen Leuten und macht ein sehr konsterniertes Gesicht. Er behält nun die Karte und fragt immer wieder mal Leute. Auf uns macht die Umgebung nach wie vor einen gänzlich unbekannten Eindruck. Als der Fahrer, fast mit Tränen in den Augen, noch einmal nachfragt, beschließen wir, bei seiner nächsten Frage diese Fahrt aufzugeben. Offensichtlich haben wir es mit einem Analphabeten zu tun, der sich auf ein waghalsiges Abenteuer eingelassen hat. Aber dann kommen die Sandsteinfelsen in Sicht, in die unser Hotel eingebettet ist. Als wir endlich da sind, ist die Erleichterung beim armen Fahrer mit Abstand am größten.

Die Partywiese wird schon wieder mit Stühlen, Tischen und Lautsprechern bestückt. Iris guckt, als wäre sie fertig mit der Welt. Hier wird entweder ein Studienabschluss oder ein Junggesellenabschied gefeiert. Es wird sehr, sehr laut, und das liegt nicht nur an der Musik. Ausschließlich junge Männer tanzen und feiern und versuchen dabei, den dröhnenden Sound aus den Boxen zu übertönen. In einem roten Reisebus am Rande der Festwiese liegen zwanzig ausgestreckte Gestalten, die je nach Temperament vor Wut rotieren oder sich resigniert in Gelassenheit üben.

Tag 12 – Extremer Lebensschutz

Auch heute macht keiner einen sonderlich ausgeschlafenen Eindruck. Unser Abschiedsschmerz von diesem Hotel, das ebenso schön wie laut war, hält sich sehr in Grenzen. Nach zwei durchwachten Nächten wiegt einen sogar der zwangsläufig ruckartige Fahrstil in den Schlaf. Im Bus herrscht Stille, Köpfe pendeln hin und her. Ich bin doppelt ermattet: vom fehlenden Schlaf und einer beginnenden Erkältung. Ich freue mich, dass ich ein wenig zur Ruhe komme. In den Fahrpausen wanke ich halb wach zur Toilette und versuche, das Unvermeidliche so vorsichtig und kontaktfrei wie möglich zu erledigen.

Irgendwann beginnt das kollektive Aufwachen, getrieben von Hunger. Wir wollen essen, außerdem wollen wir wissen, wo wir sind. Auf die zweite Frage bekommen wir eine sehr zweifelhafte Auskunft, fast so, als wüsste es der Reiseleiter auch nicht. Wir werden schließlich in der nächsten Stadt rausgelassen, sollen anderthalb Stunden Mittagspause machen. Das ist etwas schwierig, da es bis auf einen Imbisswagen mit Frittiertem nichts zu essen gibt. Und eigentlich auch nichts zu sehen. So laufe ich mit einer frittierten Paprika durch die Gegend, in gebührendem Abstand von einer hungrigen Kuh verfolgt. Da es weiter nichts zu tun gibt, kaufe ich ein paar Bananen und füttere die Kuh damit. So kann ich mich immerhin darüber freuen, dass sie sich freut. Möglicherweise ist dieses Tier schon etwas älter und weder als Milchlieferant noch als

Zugtier zu gebrauchen. Derartig unnütze Tiere werden ausgesetzt und müssen sich ihr Futter zusammensuchen. Mit der Zeit verhungern sie qualvoll oder sie verrecken elend an gefressenen Plastiktüten. Heilig ist das Rind wohl nur, solange es produktiv ist.

Endlich ist die Mittagspause zu Ende und wir fahren weiter. Kurz danach gerät eine Teppichweberei in unser Blickfeld. Auf einer großen Lehmwand sind Spiegelscherben zu einem Muster angeordnet. Die Mehrheit will da hin. Es gibt Chai Masala, dann erklärt uns ein Mann, wie man Wandteppiche webt.

Hinter dem Haus ist ein grünes Wäldchen, in dem Hirten mit einem Kamel Ziegen hüten. Die Hirten tragen rote Turbane und strahlend weiße Gewänder. Ich frage mich, wie das überhaupt möglich ist. Zwar haben wir nun die Wüste hinter uns gelassen und kommen langsam ins Gebirge, aber staubig ist es trotzdem, und zudem dürfte die Arbeit mit den Tieren nichts sein, was weiße Kleidung weiß erhält, aber dennoch stehen die Männer ganz in Weiß da. Einer der Hirten führt uns sein Kamel vor und ich erfahre und sehe, dass Kamele auf der Höhe des Brustbeins eine Hornhautschwiele haben, die beim Sitzen auf dem Boden aufliegt und als Polsterung dient.

Wir steigen wieder in den Bus, nehmen unsere Plätze ein und fahren los. Nach zweihundert Metern erfolgt eine abrupte Bremsung. Wir sind da! Links steht unser Hotel. Dann muss der Ort, wo wir die Mittagspause hatten, Sadri gewesen

sein. Nun gut, beruhigend zu wissen, wo wir nun sind. Doch wir stoppen nicht beim Hotel, sondern fahren weiter nach Ranakpur, wo ein berühmter Jain-Tempel ist. Auf dem Parkplatz wimmelt es vor Affen. Einer springt gleich auf den Bus. Wir müssen sehr aufpassen, dass kein Tier in den Bus gelangt, denn das Chaos, das ein Affe dort anrichten kann, wäre wahrhaft enorm.
Der Tempel aus weißem Marmor ist in eine idyllische Landschaft eingebettet. Umringt von Bergen und Wäldern, führt eine Allee aus Palmen und Malabar-Lackbäumen mit riesigen orangen Blüten zum Eingang. Ein Schild weist die Besucher darauf hin, dass unschickliche Kleidung, Lederartikel, Speisen und Getränke, menstruierende Frauen und Kameras im Tempel streng verboten sind, wobei das Verbot für Letztere in eine Erlaubnis verwandelt werden kann, wenn man einen fürstlichen Obolus dafür zahlt.
Hier wird Adinath verehrt, der erste Thirtankara oder Furtbereiter. Über eine hohe Treppe geht es in den Tempel. An der Decke befindet sich eine Plastik mit fünf Leibern und einem Kopf, die die fünf schlimmsten Sünden darstellt. Kurz danach kommen Skulpturen mit vielgestaltigen Darstellungen von Geschlechtsverkehr. Derartige Darstellungen befinden sich immer an den Ecken oder Eingängen der Tempel, weil sexuelle Begierden draußen bleiben sollen. Was dann folgt, ist schlicht und ergreifend der helle Wahnsinn: eine riesige Halle. Und, soweit das Auge reicht, kein einziges nicht bearbeitetes Stück

Stein, vom Fußboden abgesehen. 1444 Säulen, alle unterschiedlich. Nischen, die ihrerseits kunstvoll gehauene Darstellungen enthalten. Es macht alles einen irgendwie unwirklichen Eindruck. Diese üppige Prachtentfaltung droht mich zu erschlagen. Mit darniederliegendem Wahrnehmungs- und Verarbeitungsapparat wandle ich durch diese heiligen Hallen, schaue gelegentlich nach oben, erkenne psychedelische Steinmuster oder konzentrische Kreise, deren Schönheit schwindlig macht. Helga im Wunderland.

In der Mitte des Tempels steht ein Baum. Dieser gehört zwingend zu jedem Tempel, genau genommen wird der Tempel um den Baum herum gebaut und ist der tiefen Verehrung für die Natur geschuldet. Die Kombination aus dem Baum im Gebäude und dem makellosen Marmor verleiht dem Tempel einen ganz besonderen Reiz.

Draußen befinden sich Gläubige, die sich ein Tuch vors Gesicht gebunden haben, sodass nur noch die Augen frei sind. Was auf uns wie zweifelhaftes Räuberzivil wirkt, geschieht tatsächlich, um jegliches Leben zu schützen. So soll verhindert werden, dass versehentlich Insekten eingeatmet werden. Aus dem gleichen Grund sind an den Wasserhähnen Baumwollsäckchen befestigt, die in Abständen geprüft werden. Es könnten ja auch Insekten in die Wasserleitung gekommen sein, die nun gerettet werden müssen. Ganz strenge Jains sind mit dem Besen unterwegs und kehren den Weg vor sich, um sicherzugehen, dass sie kein Tierchen zertreten. Schwer beeindruckt trete ich den Rückweg an und versuche erfolgreich, die Affen nicht zu provozieren.

Tag 13 – Verdauungsbeschwerden
Ausgerechnet mein Bauch, der zuverlässigste Indikator, dass ich mich im Süden befinde, gibt erstaunlicherweise nach wie vor keinen Muckser von sich. Stattdessen bin ich erkältet und so richtig angeschlagen. Eine Erkältung bekomme ich gerne, wenn zu viel auf mich einstürmt und ich die Eindrücke nicht ordnungsgemäß weiterverarbeiten kann. Dann lässt mich eine geheimnisvolle Instanz so schlapp werden, dass ich zumindest nicht mehr aktiv für die Zufuhr von neuen Eindrücken sorgen kann und Zeit habe, je nach Zustand über wilde Träume oder Reflexion Ordnung in mein System zu bringen.
Die Erkältung ist also voll da und zwingt mich aufs Krankenlager. Allerdings könnte kein Zeitpunkt idealer sein als dieser. Wir stehen auf dem Hof eines sehr einfachen, aber auch freundlichen Hotels in einer idyllischen Landschaft, deren herausragendstes Merkmal die Stille ist, doch keine gewöhnliche Stille, sondern regelrechte Abwesenheit von Lärm. Nach knapp zwei Wochen maximaler Strapaze für meine Hörnerven müssen diese hier nur die Geräusche registrieren, die sich auch auf einer Entspannungs-CD finden: Vogelgezwitscher, Bäumerauschen oder Wasserplätschern. Und zwischendrin gemessen ausgeführte tägliche Verrichtungen. Zudem bleibt der Bus heute aufgestellt hier. Ich kann also jederzeit ins Bett.
Heute ist ein Ausflug auf Jeeps zur Festung Kumbhalgarh, einer der größten Festungen des

Landes, vorgesehen. Außer ihrer schieren Größe hat sie wohl keine Besonderheiten zu bieten. Bald kommen die Jeeps und holen die Leute ab und ich bleibe allein zurück.

Stille. Ruhe. Ein jederzeit zugängliches Bett. Ein jederzeit zugängliches, sauberes Bad. Ein Restaurant, in dem es Chai, Fresh Lemon Soda und Pepsi gibt. So ein Luxus! Ich schnappe mir einen Campingstuhl zum Sitzen und einen anderen, um die Beine hochzulegen und mache es mir unterm großen Baum auf dem Hof bequem. Himmel, was ich in den letzten zwei Wochen erlebt habe! Ich bin, weiß Gott, keine Reiseanfängerin, aber hier geht es tagtäglich von einem Extrem zum anderen.

Ich gehe ein wenig spazieren. In der Nähe des Hotels fließt ein Bach. Es ist das erste Gewässer in Indien, das ich sehe, das durchgängig sauber ist. Ein Viehhirte, abermals ganz in Weiß mit rotem Turban, führt eine Herde Wasserbüffel auf die Wiese zwischen den Bäumen und Sträuchern. Eine Frau hockt auf einem Stein und wäscht Wäsche, die sie auf einem anderen Stein schlägt. Hier ist die Zeit so stehen geblieben, dass es noch nicht mal Plastikmüll gibt. Die Büffel kommen immer näher. Die Sozialisation eines halben Jahrhunderts sitzt mir im Nacken, nach der Rinder eher gefährlich als heilig sind. Deswegen kann ich nicht stehen bleiben, geschweige denn einen Büffel wegschieben, wenn er mir im Weg steht. Ich gehe mal lieber.

Als ich wieder unterm Baum döse, kommt eine Deutsche in indischer Kleidung vorbei. Sie lebt die meiste Zeit des Jahres in Indien und betreut Waisenhäuser, die mit Spenden aus Europa finanziert werden. Kein Land der Welt hat mehr Waisenkinder als Indien. Zehn Prozent aller Kinder haben keine oder keine bekennenden Eltern. Von diesen Waisen sind wiederum neunzig Prozent Mädchen, viele von ihnen krank oder verstümmelt. Die Deutsche erzählt von einer jungen Frau, die als kleines Kind durch einen „Brand in der Küche" einen Arm und ein Bein verloren hat. Vermeintlich unglückliche Haushaltsbrände werden gesellschaftlich als Entsorgungsmöglichkeit für missliebige Frauen akzeptiert, die Strafen fallen meist gering aus. Dass Frauen auch Menschen sind, setzt sich in Indien nur ganz langsam durch. Jedenfalls hat diese Frau gerade neue Prothesen bekommen und lernt sehr eifrig, denn sie weiß, dass niemand da ist, der einen Mann für sie aussuchen könnte und sie selbst mit ihren Behinderungen würde niemals einen guten Mann bekommen. Ihr bleibt also nichts anderes übrig, als für sich selbst zu sorgen. Was Frauen und Mädchen sich hier mit Abstand am meisten wünschen, ist Freiheit. Freiheit ist jedoch nur durch viel Lernen zu erlangen. Das ist manchmal etwas schwierig zu vermitteln. Viele junge Frauen wollen Freiheit ohne einen Beruf. Es ist immer noch tief in der Gesellschaft verankert, dass eine Frau keinen Beruf braucht, weil sie zum Mann gehört.

Wir sprechen über den Tempel von Ranakpur. Ich fange an zu schwärmen. Für die Gläubigen hingegen ist die Situation nicht so einfach. Ich erinnere mich. Fotografieren ist ohne Fotoerlaubnis streng verboten. Für die Gläubigen wird der Tempel durch Kameras jedoch entweiht. Gleichzeitig bringt jede Fotoerlaubnis Geld. In Summe viel gutes Geld. Und so sind sehr viele Gemeinden gespalten zwischen der würdevollen Behandlung der Gotteshäuser und den gottlosen Einkünften aus der Fotografiererei. Für Touristen ist der Tempel nur zwischen zwölf und fünf Uhr geöffnet. Zu den anderen Zeiten ist der Tempel nur für Gläubige zugänglich und sie können ohne Frevler beten. Früher war der Tempel immer offen. Bei Dunkelheit wird er mit einer Unzahl Öllämpchen beleuchtet, was zauberhaft aussehen soll. Diesen Zauber versuchten die Touristen auch mit ihren Kameras einzufangen, doch das ging den Gläubigen zu weit. Deswegen wurden die Öffnungszeiten beschränkt. Nicht nur hier, sondern allgemein wird die Touristenflut an Tempeln von den Gläubigen als Frevel betrachtet. In allen betroffenen Gemeinden wird gestritten, ob man fromm oder pragmatisch sein soll.
Nach dem superleckeren und in aller Gemütsruhe eingenommenen Mittagessen gehe ich ins Bett, wo sich verstörende Gedanken mit wilden Träumen mischen. Der Körper kommt zur Ruhe, der Geist nicht.
Am späten Nachmittag kommen die anderen zurück. Sie sagen, ich hätte nicht viel verpasst. Ich

weiß nicht, ob der Tag wirklich unaufgeregt war und sie einfach eine Festung mehr zu den vielen anderen Festungen gesehen haben, oder ob man mir aus Nettigkeit aufregende Erlebnisse verschweigt.

Tag 14 – Mowglis Heimat

Unser derzeitiger Standplatz ist so geruhsam und beschaulich, dass ich ihn gar nicht verlassen möchte. Doch es geht unerbittlich weiter und so wird alles für die Weiterfahrt verpackt und verrammelt. Heute fahren wir nur ein kurzes Stück. Wir befinden uns bereits im Aravalli-Gebirge und fahren nun zu dessen höchster Erhebung, dem Mount Abu. Der namensgleiche Ort auf einem Hochplateau wurde seinerzeit von den Engländern gerne während des Sommers aufgesucht, weil es dort vergleichsweise kühl ist. Dieses Städtchen ist unser Zielpunkt, obwohl schon der Weg zumindest zum Teil das Ziel ist.
Wir sind auf der Autobahn. Auf der rechten Seite befindet sich die Leichenverbrennungsstätte eines Ortes. Ist der Tote kein Maharaja, fällt diese Stätte ziemlich schmucklos aus. Man könnte sie für einen landwirtschaftlichen Unterstand halten. Seit ein paar Jahren ist es Pflicht, die Verbrennungsstätten mit einem Dach zu versehen. Ansonsten ist es speziell in der Regenzeit nicht möglich, eine Leiche vollständig zu verbrennen. Das ist inzwischen zwingend notwendig, weil die Geier, die sonst fällige Restarbeiten übernommen haben, durch landwirtschaftliche Gifte ausgerottet worden sind. Inzwischen haben Milane die Rolle der Aasfresser übernommen, aber Geier sind gründlicher und es wurde ein landesweites Geier-Nachzuchtprogramm aufgelegt. Da aber durch Zuchtprogramme allein die Umweltgifte nicht verschwinden, halten sich die Erfolge in Grenzen.

Auf der linken Seite kommt uns ein Trauerzug entgegen, es sind lauter Männer. Der Leichnam befindet sich auf einer Bahre unter einer bunten Decke, er wird von vier Männern getragen. Jetzt wartet die Gruppe einen guten Zeitpunkt ab, um die Autobahn zu überqueren.
Frauen sind zu Begräbnisfeiern nicht zugelassen und müssen sich bereits zu Hause von der toten Person verabschieden. Die Männer gehen mit der Leiche zum Verbrennungsplatz. Dort sollten sich tunlichst genügend Brennmaterial und Brandbeschleuniger befinden, damit das Ganze würdig zu Ende gebracht werden kann. Doch für arme Leute ist das ein Problem. Gutes Holz, das lange brennt, ist zu teuer. Butterschmalz, das man über die Leiche gießen sollte, damit sie besser brennt, auch. Während die Leiche verbrennt, bleiben die Männer dabei.
Die Verbrennung wird in aller Regel vom ältesten Sohn geleitet. Gibt es in der Familie keinen Sohn, ist der nächste männliche Verwandte dran. Ausgeschlossen, dass eine Frau das macht. Normalerweise platzt der Schädel der Leiche während der Verbrennung, aber wenn das nicht passiert, muss der Sohn den Schädel mit einem Knüppel einschlagen, denn erst dann kann die Seele freigesetzt werden. Was nach der Verbrennung noch übrig ist, wird auf dem Fluss verstreut. Aber nicht jede Leiche wird verbrannt. Kinder und Heilige werden unverbrannt den Fluten übergeben.

Nach einem Todesfall darf die Küche nicht benutzt werden, solange sie nicht rituell mit Kuhurin gereinigt wurde. Urin und Dung gelten als wertvolle Produkte dieses Tieres und finden im Alltag reichlich Verwendung. Der Dung wird gesammelt und als Brennmaterial in der Küche benutzt. Die Asche davon dient zum Zähneputzen. Ein bisschen Dung unter den Putz gemischt, heiligt den Bau und hält die Fliegen fern. Der Urin findet sich in Medikamenten. Es gibt sogar das Getränk Gau Jal, das mit Kuhurin hergestellt wird.

Wir verlassen die Autobahn und fahren über eine idyllische Bundesstraße. In einer hügeligen und grünen Landschaft wird auf althergebrachte Art Landwirtschaft betrieben. Es sieht nach heiler Welt aus. Die Bewässerung wird mittels persischer Wasserräder vorgenommen. Ein Rind dreht sich unermüdlich im Kreis und treibt ein waagrechtes Zahnrad an, das seinerseits ein senkrecht stehendes Wasserrad antreibt, an dessen Schaufeln lauter kleine Eimer befestigt sind. Diese werden in ein Becken geleert, wo die Frauen mit Krügen Wasser holen. Der Rest fließt in Bewässerungsrinnen. An einer Stelle staut sich das Wasser sumpfig. Dort nehmen die Büffel ein Bad.

Die Landschaft wird nun zu steil für Landwirtschaft, der indische Dschungel dominiert das Bild vor unseren Busfenstern. Die Straße wird furchterregend eng. Affen sitzen am Fahrbahnrand und beobachten den Verkehr. Eigentlich würde man jetzt jeden Augenblick erwarten, dass sich Balou, Bagheera oder Shir Khan aus dem Dschungelbuch durch das Gebüsch schlagen. Es ist diesig, sodass sich die Berge in Schichten von verschiedenen Farben bis zum Horizont ausbreiten. Wir wollen Fotos machen. Doch jetzt ist keine Zeit. Beim Rückweg werden wir an den schönsten Stellen halten - oder vielmehr nicht, weil es da keine Parkmöglichkeiten gibt. Wir werden also dort halten, wo es einigermaßen schön ist und wo man parken kann.

Wir überqueren ein sehr breites, ausgetrocknetes Flussbett. Hier im Norden führen viele Flüsse nur während der Regenzeit Wasser. Die Idylle wird nun zunehmend durch abgeholzte Berge gestört, die ihre nackten Kuppen in den Himmel ragen lassen. Die Anzahl der Palmen fängt an, zuzunehmen. Eigentlich sieht die Landschaft sehr tropisch aus, dabei ist das der vergleichsweise kühlste Landstrich in Rajasthan. Nackte Felsen tauchen auf, ragen wie riesige Klauen in den Wald.

Bald sind wir in Mount Abu. Der Ort besticht durch viele Palmen und schroffe Felsen. Jetzt gehen wir erst mal essen. Hände waschen. Vor dem Restaurant steht eine Tonne mit einem Krug. Das Waschbecken. Mit dem Krug schöpft man Wasser aus der Tonne, wäscht sich damit die Hände und lässt das Schmutzwasser auf den Boden laufen.

Am Tresen wird frisch gekocht. Kleine Jungs backen Fladenbrote: Chapati, Naan, Papad. Ich bestelle mir ein Thali, was soviel wie „Platte" heißt und eine komplette Mahlzeit umfasst. Ich bekomme auf einem Metalltablett eine Schale Reis, ein Chapati, ein Papad, ein Schälchen Kohlgemüse, ein Schälchen Kartoffelwürfel in Tomate, ein wenig rohe Zwiebel, ein Schälchen Dal-Linsenbrei und einen Klecks würziges Chutney. Nach dem Nachtisch bekommt man normalerweise ein Schälchen mit Anissamen und Kandiszucker zur Atemerfrischung gereicht, so auch hier. Praktischerweise liegt das Wechselgeld auf dem Anissamen. Das erspart dem Kellner mindestens einen Gang. Und mir die Atemfrische, doch einige Hartgesottene greifen trotzdem beherzt zu.

Fünf Gehminuten entfernt befindet sich das Delawara-Jain-Heiligtum. Vor diesem Tempel ist der Teufel los. Marktstände, Wagen mit Essen, Gaukler, Bettler, Wahrsager, die eine oder andere Kuh. Ganz Indien im Miniformat vor einem Tempel, wo ich das nach den Erfahrungen in Ranakpur nicht erwartet hätte. Dafür haben sich hier die Gläubigen insofern durchgesetzt, dass man weder für Geld noch für gute Worte Bilder machen darf. Der Tempel ist eine Wucht und dem in Ranakpur sehr ähnlich. Zumindest architektonisch und künstlerisch. In Ranakpur wurde überwiegend weißer Marmor verwendet, hier ist er eher gelb. Aber die Pracht ist die Gleiche.

Schon bald wird zum Aufbruch gedrängt. Schade, denn der Ort gefällt mir ausgesprochen gut. Doch eine Straße ist gesperrt und wir müssen nun einen ziemlichen Umweg zu unserem nächsten Ziel

fahren. Erst fahren wir die ganze Strecke bis ins Tal zurück und werden nun Gelegenheit haben, die Landschaften zu genießen, an denen wir vorher nicht gehalten haben. Ich freue mich über jeden Halt. Es ist bedeckt und irgendwie drückend. Plötzlich, ohne Vorwarnung, öffnet der Himmel seine Schleusen. Normalerweise regnet es im November nie, doch jetzt stürzen unaufhaltsam Fluten herab. Das Fahren wird noch schwieriger, die geplanten Pausen haben sich von selbst erledigt. Aber was soll's. Wenn es so heftig gießt, hört der Regen erfahrungsgemäß nach kurzer Zeit auf und die Sonne scheint wieder. Doch der Regen will diesmal nicht aufhören. Oder die Wolken haben sich auf einen feuerroten Bus eingeschossen und verfolgen ihn unnachsichtig. Teilweise sind die Straßen überflutet und wir müssen noch weitere Umwege als gedacht fahren.
Es wird langsam dunkel und wir sind immer noch ein ordentliches Stück von Udaipur entfernt, unserer nächsten Station. Dunkelheit ist blöd, weil man das Schlafabteil eigentlich bei Helligkeit aufbauen muss.
Als wir schließlich in Udaipur ankommen, gießt es immer noch wie aus Kübeln. Der Bus parkt auf dem Hof eines altenglischen, plüschigen Gästehauses, in dem die Kolonialzeit noch sehr gegenwärtig ist. Inklusive Stromausfall, sonst macht es ja keinen Spaß. Der Bus wird unter erheblich erschwerten Bedingungen aufgestellt, die Zimmer und sonstige Einrichtungen zu finden ist nicht ganz einfach.

Immerhin, pünktlich zum Abendessen ist der Strom wieder da. Eine Reihe gut durchfeuchteter Gestalten speist nun in verstaubt-adeligem Ambiente. Zum Schlafengehen müssen wir uns ein wenig absprechen. Wir müssen wegen des Regens hurtig zu unseren Kojen rennen. Wenn es Stau gibt, müssen die Letzten draußen warten. Es klappt aber alles, und so schlafen wir ein, während um uns herum weiterhin der Regen herab rauscht und schäumt.

Tag 15 – Verborgene Aussichten

Der Regen hatte glücklicherweise über Nacht ein Einsehen und hat aufgehört. Das ist gut so, denn frühstücken müssen wir im Freien. Die Wiese, auf der wir unsere Campingmöbel aufbauen, ist gut feucht und wir haben alle im Nu nasse Füße, aber das ist nicht wirklich schlimm. Schlimm ist, dass wir uns an einem sehr idyllischen Flecken befinden, aber eine dicke Nebelsuppe die ganze Landschaft in undifferenziertes Grau tunkt. Udaipur liegt an mehreren künstlichen Seen und wird gerne mit Venedig verglichen, was etwas übertrieben ist. An einigen Engstellen gibt es hübsche Brücken, aber von Kanälen keine Spur. Außerdem ist die Stadt von Bergen umringt und mit Palästen gespickt. Einer davon liegt mitten im Pichola-See und hat schon bei Filmen wie „Der Tiger von Eschnapur" und „Octopussy" als Kulisse gedient. Wir residieren hier auf einem Hügel, der einen umfassenden Blick auf Berge, Seen und Paläste bietet, wenn es, wie um diese Jahreszeit üblich, nebelfrei ist. Nun aber müssen wir einfach glauben, dass wir einen tollen Blick gehabt hätten, wenn das Wetter sich an die Vorschriften gehalten hätte.

Wir fahren mit dem Bus zum Sahelion Ki Bari, einem Park, den der Maharaja für seine Konkubinen anlegen ließ. Am Busparkplatz werden wir von sehr elenden und sehr hartnäckigen Bettlern bedrängt. In eventuelle Lücken stoßen Souvenirverkäufer vor. Ich freue mich, als wir endlich den Eingang erreichen. Ein

Park voller Springbrunnen und mancher botanischer Raritäten. Eine Frau fegt die Wege und deponiert den Abfall direkt neben einer Mülltonne. Ich möchte nicht wieder gehen, fürchte mich vor den Bettler- und Verkäufermassen vor dem Tor. Aber was sein muss, muss sein.

In der Nähe befindet sich eine Schule für Miniaturmalerei. Gemalt wird auf Papier, Seide, Holz, und, seitdem Elfenbein verpönt ist, auf Kamelknochen. Aus den Knochen werden auch fein umränderte Platten gemacht. Dazu werden die Knochen gemahlen und in der gewünschten Form verbacken.

Um es bei der Malerei zu echter Meisterschaft zu bringen, sind viele Jahre Übung nötig, weil die Arbeiten sehr filigran und detailreich ausgeführt werden. Gemalt wird mit Mineralfarben, die teilweise höchst giftigen Ursprungs sind, wie beispielsweise Kobalt. Die Pinsel werden aus Kamelwimpern gemacht. Die werden abgeschnitten und wachsen nach. Für ganz feine Arbeiten nimmt man Haar vom Streifenhörnchen. Wie das gewonnen wird, will jemand wissen. Man sammelt die Haare, die den Hörnchen ausfallen, erzählt der uns betreuende Angestellte. Wer's glaubt? In Indien geschehen viele unerhörte, unglaubliche, unwahrscheinliche Dinge. Aber dass jemand Straßen, Wege und Plätze nach einzelnen Härchen dieser possierlichen Tierchen absucht, glaube ich nicht.

Wir werden über die Symbolik der Miniaturmalereien aufgeklärt. Ein Pferd steht für Kraft, ein Elefant für Glück und ein Kamel für Liebe. Ich entscheide mich für ein hinreißendes Bild von einem Pferd vor Udaipurer Kulisse, einem Elefanten vor Jaipur und einem Kamel vor Jaisalmer. Meine Augen leuchten. Sie leuchten nach dem Kauf weiter. Das nutzt ein Verkäufer gnadenlos aus und zerrt mich in einen Verkaufsraum mit Kleidung. Ich brauch nichts mehr. Ich will nichts mehr, aber er überredet mich, eine Seidenjacke anzuziehen. Das Frauengrüppchen ist mitgekommen und applaudiert, als ich mich umdrehe. Also bleibt mir fast nichts anderes übrig, als diese Jacke zu kaufen. Obwohl ich zunächst gar nicht weiß, wann ich sie tragen soll. Obwohl ich schon einen Teppich und ein Bild habe. Jetzt ist sowieso alles egal, mein Budget ist unrettbar verloren. Ich beglücke nun auch ein paar Souvenirverkäufer und kaufe mir unter anderem ein Plastik-Tuktuk mit Rückziehmotor. Eine vorhersehbare Verwendung dafür habe ich auch nicht, aber das Teil ist echt cool.

Der Bus bringt uns nun zum Jagdish-Tempel. In diesem Hindutempel befindet sich eine Darstellung des Göttervogels Garuda in Menschengestalt. Wenn ich nicht schon übersättigt wäre, würde ich angesichts der Bildhauerarbeiten in spitze Verzückungsschreie ausbrechen, doch so denke ich nur „aha". An den Ecken des Tempels ist wieder Geschlechtsverkehr in Variationen zu finden. Also als bildhauerische Darstellung. Und da steht er: der Garuda aus Messing in Menschengestalt mit zwei Flügelchen, die ihn im Ernstfall nicht in der Luft halten könnten. Sie unterstreichen seinen Status als Vogel, obwohl er auch als kerniger, maskuliner Engel durchgehen könnte.

Von dort laufen wir zu Fuß zum Stadtpalast. Der Weg ist eine Touristenfalle der schönsten Art. Pittoreske Häuschen mit farbenfrohen Auslagen säumen die Straße, es findet sich alles, was das Touristenherz begehrt. Einschlägige Mobilfunkanbieter machen großflächige Werbung. Interessanterweise ist sonst eher wenig Werbung zu sehen. Außergewöhnlich ist, dass es keine Coca-Cola-Schilder gibt. Was vielleicht auch daran liegt, dass praktisch keine Coca-Cola verkauft wird. Indien ist fest in Pepsi-Hand, aber auch für Pepsi wird kaum Werbung gemacht, ebenso wenig wie für andere Getränke oder Lebensmittel. Eigentlich findet man fast nur Werbung für Mobilfunkanbieter, Computer und Zement. Die ist dafür besonders penetrant. Während ich noch verstehen kann, dass es sinnvoll ist, sich wegen Computern und Handys an die Öffentlichkeit zu wenden, lässt mich die offensive Zementwerbung ratlos zurück.

Bald haben wir das sehr reichhaltige Angebot an indischer Volkskunst hinter uns gelassen und stehen vor dem pompösen Stadtpalast von Udaipur. Dieser unterscheidet sich in einem Punkt ganz wesentlich von anderen Palästen: Hier sind zahlreiche baumbestandene Gärten angelegt worden, während die bisher besichtigten Paläste überwiegend Steinwüsten waren. Auch hier entfaltet sich wieder eine orientalische Pracht sondergleichen: Buntglasfenster, Spiegelmosaike, Wandmalereien, Fliesen, Intarsien, Steinbearbeitung vom Feinsten. Auch Delfter Kacheln sind zu finden, deren Motive zu damaligen Zeiten zuweilen Rätsel aufgegeben haben mögen. Die meisten Kacheln zeigen orientalische Motive, aber es sind auch Darstellungen der Heiligen Familie dabei, wie sie auf dem Esel durch das Morgenland zieht.

Nun, da sich der Nebel langsam lichtet, wird der grandiose Ausblick auf die Seen und die Berge durch verzierte Rundpassbögen frei. Umgeben von diesem idyllischen Panorama vor den zahlreichen Fenstern bewundere ich weitere einzigartige Ausstellungsstücke. Einer der Maharajas war gelähmt und so ist zum Beispiel sein Rollstuhl zu sehen, als bequemer Sessel gearbeitet. Hier mussten auch keine Sklaven ihren Herrschern Luft zufächeln, denn es finden sich Ventilatoren, die mit Kerosin angetrieben wurden. Der Luftstrom, den sie produziert haben, war vermutlich weder frisch noch kühl, dafür aber innovativ. In der Waffenabteilung sehen wir die Statue eines Pferdes, das als Elefant verkleidet ist und einen Rüssel trägt. Das war eine beliebte Kriegslist, wenn der Feind auf Elefanten kam. So wirkte das Pferd wie ein kleiner Elefant und große Elefanten greifen niemals kleine Elefanten an.

Am Palastausgang gelangen wir zu einer Bootsanlegestelle. Wer mag, kann jetzt eine Fahrt über den Pichola-See machen. Das sei aber Nepp, wird uns gesagt. Ich mache sie trotzdem. Aus ähnlichen Gründen, wie ich mir den Rattentempel angetan habe: Weil ich Fotos machen kann, die anders nicht hinzukriegen sind. Das treibt wohl alle Passagiere an und es entsteht eine verhaltene Balgerei um die besten Fotoplätze. Dann hält das Boot an einer völlig durchkommerzialisierten Insel aus dem Luxussegment. Kellner mit Sakko und Fliege wollen die Leute in Eiscafés und Grills locken. Wer etwas mehr als nur Kleingeld dabeihat, kann sich über Immobilieninvestitionen in Indien beraten lassen. Wer weder an Eis noch an Immobilien Interesse hat, tut gut daran, das nächste Boot zurück zu nehmen. So bin ich nach einem Kurzaufenthalt wieder in der Stadt.

Schilder mit Hinweisen auf einen tibetischen Markt erregen meine Aufmerksamkeit. Und ja, dieser tibetische Markt ist echt und unterscheidet sich sehr von indischen Märkten. Er ist blitzsauber. Überall stehen Mülltonnen und der Müll befindet sich tatsächlich in den Behältern. Es gibt Festpreise und die Erklärung, warum das so ist. Hauptfaktor ist die Zeitersparnis und es wird deutlich darauf hingewiesen, dass auf Handelswünsche nicht eingegangen wird. Außerdem wird hier heftig Werbung gegen Plastiktüten gemacht. Das ist der Markt für mich!

Leider entsprechen die Kleidungsstücke nicht meinen Vorstellungen. Es gibt nur dicke Wintersachen zu kaufen: Anoraks, Schals, Mützen und Handschuhe. Im Wesentlichen Industrie-Dutzendware. Die Verkäufer sind Tibeter und tragen zum Teil Trachten. Im Gegensatz zu den Indern scheuen sie Kameras, was ich sehr schade finde, denn die Gesichter sind unbezahlbar. In jedem Verkaufsstand ist aber auch ein Inder dabei. Wahrscheinlich ist das aus juristischen Gründen so.

Ich treffe zufällig Karin und Antonia. Zusammen gehen wir im Markt essen. Das mit dem Trinken klappt ganz gut, weil „Chai" verstanden wird. Was wir essen, wissen wir nicht genau. Wir haben uns das servieren lassen, was es gab. Es hätten Teigtaschen sein können, es sind aber eine Art mehllastige Gnocchis, die sehr scharf sind. Schärfer als fast alles, was ich bisher in Indien gegessen habe, wobei ich die Küche nicht so scharf finde, wie ich gedacht hätte. Aber das Gericht im tibetischen Markt, was immer es gewesen sein mag, muss ich stehen lassen. Mein Hunger ist noch nicht gestillt, aber dagegen gibt es Süßwaren auf der Basis von Nüssen zu kaufen.

Eine Frau saust in ihrem Sari auf einem Motorroller durch die Gegend. Fahren ist normalerweise Männersache. Am Steuer eines Wagens sieht man Frauen so gut wie nie, auf einem Zweirad selten. Außer hier in Udaipur. Hier gibt es außergewöhnlich viele Motorradfahrerinnen. Und Frauen mit einem stolzen, selbstbewussten Blick. Woran das liegt, weiß ich nicht, aber es gefällt mir.

Zusammen gehen wir weiter durch die Altstadt und werden dabei von Bettlern und Händlern verfolgt. Das nimmt einem Altstadtbummel das Entspannende und wir sind bald genervt. Also denken wir über eine Rückkehr zum Hotel nach. Ich bin schon seit ein paar Tagen erkältet und will mir vorher noch Hustensaft kaufen. Wir suchen vergeblich nach einem Medical Store. Dann fragen wir. Wir sollen die nächste Straße links abbiegen und dann gleich noch zweimal links. Da wären ein Krankenhaus und zwei Medical Stores. Wir übersehen beinahe die Straße, in die wir sollen. Eigentlich ist es ein winziges Gässchen. Um die nächste Ecke links wird es noch enger. Alles ist von hohen Mauern umgeben. Ist das jetzt ein Hinterhalt? Und das angebliche Krankenhaus, lachhaft! Am Ende dieser Gässchen? Wir gehen trotzdem weiter. Die Umgebung macht den selben Eindruck wie die Labyrinthe auf den Festungen, in die man die Feinde getrieben hat und die immer enger und enger wurden, bis der Feind in der Falle saß. Doch hier kommt keine Falle, sondern tatsächlich das Krankenhaus, an dem wir allerdings beinahe vorbeigelaufen wären. An einem ganz gewöhnlichen Wohnhaus hängt in ziemlich kleiner Schrift ein Schild mit der Aufschrift „Hospital". Und tatsächlich, da sind zwei winzige Medical Stores. Ich gehe in das eine, das eigentlich nur ein Unterstand für ein Kellerregal ist. Ich erkläre mein Problem und werde erstaunlich gründlich und sachkundig

beraten. Indien ist eben eine prallvolle Wundertüte.
Wir fahren mit dem Tuktuk zurück. Als wir ankommen, ist es schon wieder so dunkel, dass wir den Ausblick nicht genießen können, den unser Hotel verspricht. Da die öffentliche Beleuchtung eher spärlich ist, werden wir nun nie erfahren, wie umwerfend der Blick von hier oben ist.

Tag 16 – Besuch in der Hölle

Als wir morgens frühstücken, ist es noch diesig. Der Blick von unserem Hügel auf die Stadt wird uns also endgültig versagt bleiben. Wir packen alles zusammen und machen uns auf den Weg nach Chittorgarh, der größten Festung Indiens. Nach einer nicht allzu langen Achterbahnfahrt auf der Straße kommen wir im Ort an. Dort werden wir auf Tuktuks verteilt, um den steilen Weg zur Festung zu bewältigen. Wir sollen uns unser Tuktuk merken, denn die Festung ist so groß, dass wir auch innerhalb des Bauwerks mit diesem Fahrzeug unterwegs sein müssen.

Mit Antonia und Karin besteige ich ein Tuktuk. Der Fahrer weist uns auf den Schriftzug „Kushi" auf seiner Windschutzscheibe hin, an der wir sein Gefährt erkennen können. Wir versuchen, herauszukriegen, wer oder was Kushi ist. Unser Fahrer kann kaum Englisch, aber wir vermuten, dass es sich bei Kushi um seine Nichte oder Tochter handeln muss. Und schon geht eine überaus rasante Fahrt auf die Festung los. Wir durchqueren sieben Tore, dann sind wir da.

Wir sind nun am Siegesturm der Jains. Wie nicht anders zu erwarten, ist er von oben bis unten sehr kunstvoll behauen. Er ist, wie auch der Tempel in Ranakpur, dem Tirtankara Adinath geweiht. Ein Stück entfernt neben dem Turm steht ein Solarkollektor. Über diesen ganz zaghaften Anfang naturverträglicher Energiegewinnung in einer sonnenverwöhnten Gegend freue ich mich.

Wir müssen weiter. Im ganzen Gewühl suchen wir unser Tuktuk, doch ehe wir es finden, kommt der Fahrer schon aus der Menge auf uns zu und geleitet uns schnell und sicher zu seinem Gefährt.
Am Padmina-Palast lässt er uns wieder heraus. Gegenüber des schon ziemlich heruntergekommenen Palastes befindet sich ein Schlösschen inmitten eines Sees. Dort hat eine Frau gelebt, die der Maharaja nicht haben konnte. Doch durch die Wasserspiegelungen hat er in das Schlösschen gucken und sie jederzeit sehen können.
Wieder gabelt uns unser Tuktuk-Fahrer auf und bringt uns zum hinduistischen Kalika Mata Tempel. Davor sitzt ein blinder Mann und macht mit Glöckchen Musik. Im Tempel findet gerade eine Zeremonie statt. Eine Gruppe Gläubiger sitzt um ein Kohlebecken, in dem Feuer lodernd brennt. Ein Mann liest aus einem Buch vor. Er hatte vor einiger Zeit einen Trauerfall, das erkennen wir daran, dass er ein Schwänzchen am Hinterkopf hat. Beim Trauerfall rasiert man sich die Haare bis auf ein Büschel am Hinterkopf ab. Wenn dann die Haare nachwachsen, kann jeder sehen, in welchem Stadium der Trauer man ist. Bei diesem Mann kann es noch nicht lange her sein. Seine Haare sind etwa zwei Zentimeter lang. Bei den anderen Männern kann man nichts erkennen, weil sie Turbane tragen.
Der als nächstes besuchte Siegesturm war von den Anhängern der verschiedenen Religionen heiß umkämpft. Deshalb befinden sich auf ihm kunstvoll ausgearbeitete Figuren aus der

hinduistischen Mythologie, aber auch Lobpreisungen auf Allah. Obwohl ich mich noch recht schlapp fühle, beschließe ich, den Turm zu besteigen. Ich hoffe, so einen Ausblick über die gesamte Festung zu bekommen. Doch die bereits besichtigten Bauwerke stehen meinem Blick im Weg und erlauben es nicht, ihn bis an die Grenzen des Palastes schweifen zu lassen. Ich kann aber unsere nächste Station erkennen, den Kumbha Rana Palast. Er ist riesig und schon sehr verfallen. Als ich später darin herum kraxle, erinnert er mich irgendwie an römische Ruinen. Dafür, dass es sich um ein indisches Bauwerk handelt, ist er erstaunlich schmucklos, aber vielleicht ist die Bildhauerei dem Fraß der Zeit zum Opfer gefallen.

Ich setze mich auf ein Mäuerchen unter einen Baum, während die anderen noch ihre Runden in den Ruinen drehen. Auch hier wimmelt es von Affen. Eine Affenmutter liegt so richtig tiefenentspannt mit ihrem Kind auf dem Mäuerchen. Ein junges Äffchen übt Schaukeln und hangelt sich von Zweig zu Zweig. Es stürzt immer wieder ab, macht aber unverdrossen weiter. Nun sind offiziell alle Sehenswürdigkeiten auf diesem wahrhaft riesigen Areal abgearbeitet und die Tuktuks liefern sich beim Weg in die Stadt ein gnadenloses Wettrennen. Plötzlich bremst unser Tuktuk so scharf, dass wir fast herausfliegen. Da ist Kushi! Ein kleines, schüchternes Schulmädchen mit riesigen Augen wird uns ganz stolz vorgestellt, obwohl es sich verlegen hinter seiner

Mutter verstecken möchte. Der Tuktukfahrer hingegen macht einen sehr zufriedenen Eindruck. Die Aufschrift auf der Windschutzscheibe hat sich in einen Menschen verwandelt.
Wir sind nun auf dem Marktplatz der Stadt, wo ein wahrhaft buntes Treiben stattfindet. Auf der Mitte des Platzes sammeln sich alle Motorradtaxis der Umgebung. Es herrscht wuselige Bewegung, fast wie in einem Bienenhaus, was auch wegen der schwarz-gelben Farbgebung der Tuktuks passt. Zwischendrin versucht ein Ochsenkarren durchzukommen, aber er braucht Geduld. Kleine Garküchen sind aufgebaut und brutzeln Kartoffeln und Gemüse in Variationen. Dort versorgen wir uns mit Essen und beobachten die Leute, bis wir uns schließlich wieder beim Bus einfinden. Die nun folgende Landschaft ist ziemlich grün und das Land wird intensiv für den Anbau genutzt. Wir sehen Bauern bei der Arbeit. Mit archaischen Handgeräten bearbeiten sie das Land. Nach einer Weile können wir endlich die Festung in der Ferne als Ganzes erblicken. Die Lebensgrundlagen scheinen trotz dieser trügerisch grünen Idylle nicht so gut zu sein. Die Regenzeit ist noch nicht lange vorbei, dennoch kommen wir an einem riesigen Stausee vorbei, der schon erschreckend leer ist.
Ein riesiger Stau verhindert unsere Weiterfahrt. Hier muss ein Fest oder ein Markt stattgefunden haben. Von der Querstraße drängt eine endlose Fahrzeugkolonne auf die Autobahn. Abertausende von Menschen laufen umher, besteigen Busse,

Laster und sonstige Fahrzeuge, um wegzukommen. Viele winken uns zu. Ein sehr farbenfrohes Spektakel, das sich nach und nach auflöst.
Wir machen Halt bei der Menal-Tempelgruppe, die ganz aus Sandstein besteht. Aber ich mag heute keinen Tempel mehr sehen. Vom Gelände führt ein Weg nach draußen. Dort befinden sich imposante Sandstein-Formationen, die natürliche Wasserbecken bilden. Gespeist werden sie von einem Wasserfall, der oben aus den Felsen stürzt. Die Becken werden von Schulkindern als Schwimmbad genutzt und ich hätte größte Lust, mich auch in diese Fluten zu stürzen. Dieses Bild mit dem rauschenden Wasser und den vergnügten Kindern ist einfach schön. Deswegen bleibe ich da sitzen, bis es wieder Zeit zu gehen ist.
Wir fahren nun, wie es so schön heißt, durch vom Tourismus unberührtes Gebiet. Unser Zielpunkt liegt hinter Kota, einer Millionenstadt mit viel Industrie. Wir müssen nun von der Autobahn runter und werden gleich da sein. So zumindest sieht es auf unserem Plan aus. Denkste! Die Zubringerstraße von der Autobahn nach Kota ist die schlechteste Straße, die mir bisher in Indien begegnet ist. Es gibt riesige Schlaglöcher, bei denen der Bus sich neigt wie ein Schiff bei schwerer See. Außerdem ist die Straße sehr schmal. Wenn zwei Laster sich in einem Schlagloch begegnen, könnten sie obenrum zusammenstoßen. Unglücklicherweise gibt es hier sehr viele Laster. Tanklaster, denn in dieser Gegend ist die

petrochemische Industrie zu Hause. Mir wird richtig anders, als ich diese Riesenfahrzeuge munter über diese schauerliche Buckelpiste schaukeln sehe.

Dann befinden wir uns hinter einem Laster, der Steinplatten geladen hat. Mehrere Quadratmeter groß und etwa einen halben Meter dick. Sie liegen lose ohne irgendwelche Befestigung übereinander auf der Ladefläche des Lasters. Wenn jetzt eine Platte verrutscht und einen Tanklaster trifft? Die Landschaft sieht aus, als wären wir in der Hölle. Es ist extrem staubig, die Luft ist grauschwarz mit einem geradezu giftigen Gelbstich. Es stinkt. Alle Pflanzen sind von einer schwarzen, schmierigen Schicht bedeckt. Ich finde es unvorstellbar, dass unter diesen Bedingungen überhaupt noch Pflanzen wachsen können. In einem Kanal fließt Flüssigkeit. Zäh, schillernd, schmutzig. Sie sieht so aus, als würde man nur noch einen nackten Knochen herausholen, wenn man einen Finger eintauchen würde. Ich bin völlig geschockt. Nicht allzu weit von hier befindet sich Bhopal. Wenn natürlich überhaupt keine Standards in keiner Beziehung existieren, war das Unglück letztendlich eine zwangsläufige Folge. Auch in Kota wird es mehr als ein Wunder sein, wenn nicht bald ein Lasterunglück die Stadt in ein Flammenmeer verwandelt. Ja, die Gegend ist vom Tourismus tatsächlich unberührt, doch nicht, weil sie so ursprünglich oder uninteressant ist. Aber wenn man sich auf eine Reise der Extreme begibt,

sollte dieser Höllentrip nicht fehlen. Als abschreckendes Beispiel und Mahnung.
Wir lassen das Industriegebiet hinter uns und nähern uns langsam den Wohngebieten. Obwohl so groß, ist Kota ein riesiges Dorf. Es gibt keinen Hinweis darauf, dass wir uns in einer Millionenstadt befinden. Eine städtische Struktur ist nicht erkennbar. Die Straßen sind klein, die Häuser und Läden ebenfalls. Es gibt Tuktuks und Kühe. Ein Trauerzug kommt vorbei, die Träger gehen mit der Bahre vorneweg.
Nach einer Ewigkeit verlassen wir die Stadt wieder. Auf einem Hügel, idyllisch über dem Fluss Chambal gelegen, befindet sich unser nächstes Hotel. Es ist ein altes, englisches Gästehaus. Dort hat schon Queen Mary 1911 gewohnt. Diese historische Tatsache und das Fehlen von Alternativen rechtfertigen wohl den ungewöhnlich hohen Preis. Seit die Queen da war, ist in dem Hotel offensichtlich nichts verändert worden. Würde man die Fernseher wegräumen, könnte man auf der Stelle eine Folge von Downton Abbey hier drehen. Crawleys besuchen O'Brien. Carson, bring us some tea, please.
Es funktioniert nicht alles richtig, das Stromnetz und die Wasserleitungen sind marode. Downton-Fans können das ertragen, alle anderen haben ein Problem. Viel schlimmer ist, dass es nicht genug Bier gibt. Gerade nach dem nachmittäglichen Höllenritt braucht man ein Bier. Um den Staub aus der Kehle und die Bilder aus dem Kopf zu spülen. Ein Bediensteter ist aber bereit, uns für

einen überdurchschnittlich hohen Preis Bier zu besorgen.

Zu unserer Beruhigung erfahren wir, dass wir morgen nicht wieder den gleichen Weg zur Autobahn zurückfahren müssen, sondern eine wesentlich bessere Strecke vor uns liegt. Das Essen machen wir selbst in der Rotel-Küche. Es gibt Nudeln und Frikadellen aus der Dose. Wir sitzen hier wunderbar. Die Sonne geht über dem Fluss unter, große Vogelscharen sammeln sich auf einer Insel in der Flussmitte. Der sehr weitläufige Garten ist auf englische Art angelegt. Kleine Rasenflächen, begrenzt von üppig blühenden Blumenbeeten. Riesige, ausladende Bäume würden Schatten spenden, wenn jetzt die Sonne scheinen würde. Neben dem Hotel befindet sich ein Tempel, in dem gerade eine religiöse Zeremonie mit Musik stattfindet. Wie schön!

Tag 17 - Zu Tode genervt, dann himmelhochjauchzend

Die Freude über die religiöse Zeremonie am Abend währt nur kurz, da sie die ganze Nacht hindurch bis zum Morgengrauen weiterging. Eine Viertelstunde ist entzückend, eine Nacht Folter. Und so sitzen lauter verknautschte, übermüdete, missgelaunte Gestalten am Frühstückstisch. Iris zählt schon die Stunden, bis sie endlich wieder nach Deutschland zurückdarf. Ich selbst bin endlos glücklich, dass ich mit Gehörschutz schlafen kann. Sonst wäre ich bei all den nächtlichen Vorkommnissen schon zu einem unberechenbaren Zombie mutiert.

Ich nutze die Gelegenheit, noch einen kleinen Spaziergang durch den liebevoll gepflegten Park zu machen. Riesige, farbenprächtige Blumen, Vögel in Hülle und Fülle, ein ungezähmt dahinströmender Fluss. Und die Hölle ist so nah ...

Dann sehe ich etwas, was mir die Hölle noch näherbringt, als sie es ohnehin schon ist. Wir sammeln unsere Abfälle immer ordentlich. Wenn wir abfahren, geben wir die ordnungsgemäß zugeknoteten Plastiksäcke beim Hotelpersonal ab. Nun sehe ich, wie ein Bediensteter mit unseren Säcken dasteht und sie mit Schwung in die Botanik befördert. Und ich denke mir, dass das bisher auf der Reise wahrscheinlich nicht anders war.

Wir fahren ab. Glücklicherweise nehmen wir, wie schon angekündigt, einen anderen Weg als

gestern. Wir fahren wieder durch landwirtschaftliches Gebiet. Die Luft wirkt staubig, aber ansonsten scheinen sich keine Fremdstoffe darin zu befinden. Meine Nase meldet die Abwesenheit von Chemie, Gift oder Ruß. Keine Tankwagen oder Industrielaster sind in der Nähe. Dafür gibt es dornige Bäume, gelbe Felder und Rundhütten.
Hinter einer Kurve kommt das Städtchen Bundi zum Vorschein. Der Ausblick ist geradezu kitschig-schön. Ein Bergkamm mit Wehrtürmen. Ein trutziger Palast am Hang. Um einen See im Tal gruppieren sich lauter blaue Häuschen. Die nun vorgesehene Palastbesichtigung interessiert mich nicht. Ich beschließe, mir das Leben in dem Städtchen anzugucken. Da ist der Barbier, der die Flügeltüren seines Ladens offen stehen hat, sodass jeder Fußgänger sehen kann, wie er sein Rasiermesser am Riemen schärft, um danach die Haare - und nur diese - aus dem Gesicht seines Kunden zu schneiden. Eine Hausfrau, die vor ihrer Haustür auf dem Gehsteig hockt und Wäsche wäscht, umringt von Kühen und Schweinen, die auf dem aufgeweichten Boden nach etwas Fressbarem suchen. Ein Hund hat ein Autodach erklommen und hält dort ein gemütliches Schläfchen. Ein kleiner Junge macht in einer Freiluft-Bügelei seine Hausaufgaben. Neben ihm steht ein monströses, gusseisernes Bügeleisen und die Kohle, mit der es noch gefüllt werden wird. Ein Mann schiebt einen Handkarren voller Ölfässer, die zu einem riesigen Berg aufgetürmt sind. Auf einem Motorrad sind bauchige Messingkrüge voller Milch abenteuerlich

und fantasievoll befestigt. Ich bekomme ein friedliches, beschauliches Indien vor betörender Kulisse auf dem Präsentierteller serviert. Bevor es wieder Zeit für die Rückkehr ist, gönne ich mir noch einen Tee am See. Hier gefällt's mir. Hier könnte ich durchaus länger bleiben.

Es geht weiter durch das Mittelgebirge und wir fahren durch eine ansprechende Landschaft, die immer trockner wird. Ein schroffer Kamm aus Sandstein ragt aus den bewaldeten Bergen heraus. Im Tal wird Landwirtschaft mit Büffeln betrieben. Ein See ist mit Grünpflanzen bedeckt, die von einem Bootchen aus geerntet werden. Bald aber wird es wüstenähnlich. Die Büffel weichen Kamelen. Immer wieder müssen wir halten, weil Viehherden die Straße überqueren.

Etwas verspätet kommen wir in Sawai Madhopur an, zum Essengehen reicht es leider nicht mehr, der Zeitplan drängt, was mich etwas verdrießt. Die Stadt ist ziemlich unscheinbar. Vor dem Hotel befindet sich ein großer Parkplatz aus gestampftem Lehm. Teilweise ist er aufgeweicht, deshalb haben sich viele Schweine eingefunden, die sich dort suhlen und in den reichlich vorhandenen Abfällen nach Fressbarem suchen.

Wir nehmen nun in einem ziemlich großen und dafür umso engeren Jeep Platz, denn gleich geht es für mich zu einem ganz speziellen Höhepunkt: Wir machen eine Fahrt durch das Ranthambhore-Wildtierreservat, in dem es auch Tiger gibt. Der Tiger ist Indiens Nationaltier. Er stand kurz vor der Ausrottung. Seit 1973 gibt es ein Tigerschutz-

programm, aber allen Bemühungen zum Trotz konnte im Wesentlichen der Bestand nur erhalten und nicht vergrößert werden. Im Ranthambhore-Reservat leben einige dieser Großkatzen. Wir sollen jedoch nicht enttäuscht sein, wenn wir keinen zu sehen bekämen.
Wir fahren ein ganzes Stück aus der Stadt heraus. Die Jeeps sammeln sich am Parkeingang. Es ist ein richtiger Massenauflauf dieser Geländefahrzeuge. Von diesem Wermutstropfen – oder vielmehr Wermutsrinnsal – abgesehen, gefällt mir das Reservat sehr gut. Die Sonne steht schon schräg und zaubert faszinierende Lichteffekte. Im Inneren des Reservats verteilen sich die Fahrzeuge glücklicherweise ganz gut. Weil die Wege sehr staubig und somit Fahrzeuge extrem leicht zu erkennen sind, könnte ich mir vorstellen, dass die Tiger kalt lächelnd beschließen, die Spezies, die ihnen so gnadenlos nach dem Leben getrachtet hat, einfach auflaufen zu lassen.
Wir fahren durch einen lichten Laubwald, der auch von Palmen durchsetzt ist. Auf den steilen Felsen, die von einer Burg gekrönt werden, wachsen Sukkulenten. Einige Bäume haben die Blätter abgeworfen und stehen als malerische Gerippe in der Landschaft. Eine Gruppe Damwild äst tiefenentspannt. Im Geiste streiche ich die Begegnung mit dem Tiger. Wer so cool auf der Wiese steht, hat keine Angst, demnächst gejagt und gefressen zu werden. Also Tiger abgehakt. Somit kann ich mich auf das konzentrieren, was mir unter die Augen kommt, anstatt die

Umgebung angestrengt nach einem Phantom abzuscannen. Es gibt hier Antilopen und verschiedene Arten von Damwild, unter anderem Axishirsche, die aussehen wie Bambi. Immer wieder erscheinen imposante Banyanbäume, die mit ihren riesigen Luftwurzeln einen regelrechten Stelenwald bilden. Ein anderes Auto kreuzt unseren Weg und wirbelt Staub auf. In der sinkenden Sonne gibt das raffinierte Effekte, aber manche werden sauer, könnte sich doch hinter diesen Unschärfen ein Tiger verbergen! Wie gut habe ich es, dass ich mich nicht mehr mit so etwas befassen muss. Ein Wildhüter kommt vorbei und erklärt, dass hier in der Gegend keine Tigerspuren gesichtet wurden. Ich weiß, die Hirsche haben es mir schon gesagt. Wir kommen an einen Wasserlauf, der sich zu einem kleinen See mit sumpfigen Ufern weitet. Mit der schrägen Sonne finde ich die Perspektive unwirklich schön. Auch hier friedlich grasende Tiere. Im Wasser schwimmt ein Sumpfkrokodil. Es ist erstaunlich schnell unterwegs. Pfauen schreien und gehen auf der Wiese spazieren. Marabus kommen angeflogen. Auf abgestorbenen Bäumen sitzen Vögel wie riesige Blüten. Ein Affe spielt in der Nähe eines Hirsches. Affe und Hirsch halten zusammen. Von den Baumwipfeln aus kann der Klettermaxe das Gelände hervorragend überblicken und alle anderen Tiere warnen, wenn der König des Dschungels auftaucht. Dennoch dürfte für dessen Futter reichlich gesorgt sein. Bald wird es dunkel sein, wir müssen zurück. Einige sind sehr enttäuscht, weil es keinen Tiger gab. Ich hingegen fand den Ausflug zauberhaft. Ein sehr lohnenswertes i ohne Tüpfelchen.

Tag 18 – Wassermangel

Wir haben wieder ordentlich Strecke vor uns. Langsam geht es auf den Endspurt und den Höhepunkt der Reise zu. Geisterfahrer, querende Rinder, Motorräder, die aus den unmöglichsten Winkeln blitzschnell in eine Lücke stoßen, grausam überladene Fahrzeuge vermögen uns nur noch dann zu erschüttern, wenn ein wirklich extremer Fall auftritt. Und so fahren wir durch eine immer grüner und bevölkerter werdende Landschaft Richtung Agra.

Am Straßenrand machen wir Mittagspause. Mehrere Restaurants und Garküchen laden zum Essen ein. Wir setzen uns in ein Restaurant. Alles klebt. Das spüren wir erst, als wir schon sitzen. Wir gehen wieder. Weiter hinten ist eine Bude, die zwar sehr zweifelhaft aussieht, aber sauber ist. Ich entscheide mich für Pakora und frittierte Kartoffeltaler. Sie werden mir in einem Einwegschälchen gereicht. Innen Alu. Außen Dr. Oetker Vanille-Suiker mit Rezeptvorschlägen für Kokoskoekjes. Wie die Druckbögen für die Zuckertütchen nach Indien kommen, würde mich sehr interessieren, aber ich werde es wohl nicht erfahren.

An einem Obststand richtet ein Verkäufer Obstsalat an. Geschältes, klein geschnittenes Obst, das ungeschützt der Umwelt ausgesetzt war, habe ich bis jetzt vermieden. Doch da Montezuma aus irgendwelchen nicht nachvollziehbaren Gründen beschlossen hat, sich diesmal nicht zu rächen, gehe ich aufs Eis tanzen und kaufe fertigen Obstsalat aus Papaya, Banane und Kokosfleisch. Andere nehmen sich als Wegzehrung Erdnüsse mit, die der Verkäufer vor unseren Augen röstet.

Die Nähe der großen Städte ist nun deutlich zu spüren. Es wird auf den Straßen erheblich voller. Stop and Go. An den Straßenrändern breiten sich fliegende Händler und Dienstleister aus, es gibt kaum noch Lücken.

Schließlich kommen wir in Fathepur Sikri an, einer Stadt, deren Existenz nur ein Wimpernschlag im Gefüge der Zeit war. Vor etwa 500 Jahren litt der Mogulherrscher Akbar darunter, dass seine Frauen ihm keinen Sohn gebaren. Er suchte den Mystiker Salim Chisti auf und kurz danach gebaren seine Gattinnen die ersehnten Stammhalter. Zum Dank beschloss der Mogul, bei Chistis Dorf eine Stadt zu bauen, eben Fathepur Sikri. Wie es sich für einen mächtigen Großmogul gehört, holte er die besten Architekten und Bildhauer des Landes und ließ eine einzigartige Stadt errichten. Das Dumme war nur, dass es dort keine Wasserversorgung gab. Die nächste sichere Wasserquelle, der Fluss Jamuna, befindet sich in gut 20 Kilometer Entfernung. Das zwang die Bewohner, die Stadt bereits 14 Jahre später aufzugeben, die seitdem mehr oder minder als Geisterstadt existiert. Audienzhallen, riesige Plätze, Paläste bedecken das sehr gepflegte Areal, alles ist erstklassig erhalten. Über die Jahrhunderte hinweg hatte niemand Interesse daran, die wasserlose Stadt zu besetzen oder zu zerstören.

Chisti selber wurde hier in einem großartigen Mausoleum beigesetzt, das sich in einer Moschee befindet.

Wir dürfen uns nun allein umsehen. „Ziehen Sie Ihr Kopftuch strammer an, aus Respekt", sagt mir ein junger Mann, der Mützen für Männer verkauft. Eigentlich sollte mein Tuch gut genug sitzen, aber ich ziehe es strammer. Das ist ein Fehler. Der Mann weiß jetzt, dass ich Englisch kann – und dass ich gehorche. Er heftet sich unlösbar an meine Fersen und will mir die Sehenswürdigkeiten erklären. Ich weise ihn ab. Das interessiert ihn nicht im Mindesten. Er folgt mir einfach, seine Mützen in der Hand, und redet auf mich ein.

An den durchbrochenen Fenstern des Mausoleums sind orangefarbene Bänder angebracht. Das sind Wünsche der Gläubigen, die hier mit hoher Wahrscheinlichkeit erfüllt werden. Mein ungeliebter Schatten drängt mich, auch ein Band zu befestigen. Warum nicht? Was, wenn es doch hilft? Ich frage ihn, wie viel das kostet und bin einverstanden. Ich binde das Band so langsam wie möglich, in der Hoffnung, dass er während der Wartezeit ein anderes potenzielles Opfer entdeckt und von mir ablässt. Aber vergeblich. Er folgt mir auf Schritt und Tritt. Genervt bitte ich ihn, zu gehen. Gerne, sagt er, wenn ich ihn angemessen für die wunderbare Führung bezahle, die er mir hat angedeihen lassen. Unsere Wege trennen sich also nicht. Ich gehe mit Schatten zum Treffpunkt der Gruppe, doch die Gruppe ist zerstreut, weil der Treffpunkt nicht eindeutig ausgemacht war, sondern zwei weit auseinanderliegende Stellen infrage kommen. Der Schatten bleibt mir weiter auf den Fersen. Es ist ganz genau erkennbar, wer einigermaßen mit der Gruppe zusammengeblieben ist und wer sich versprengt hat. Alle, die sich allein auf den Weg gemacht haben, werden von einem Mützenverkäufer oder einer ähnlichen Gestalt verfolgt. Mein Begleiter wird fordernder. Will unbedingt Geld. „Du bist so reich und ich bin so arm", sagt er. Er erzählt, dass er Student sei. Ich entgegne ihm, dass er als Student aber auch im Vergleich zu den meisten seiner Landsleute privilegiert ist und dass er besser daran täte zu lernen, anstatt unwillige Touristen unnachgiebig zu verfolgen. Die Diskussion wird immer unerfreulicher. Am Ende gebe ich ihm die Hälfte vom geforderten Geld. Hauptsache, er verschwindet, was er endlich tut. Karin hat es geschafft, ihren Begleiter ohne Geld loszuwerden. Und ich habe den Bogen mal wieder nicht rausbekommen. Ich hatte einen unerfreulichen Nachmittag, und mein lästiger Begleiter hat nun mein Geld. Was ihn darin bestärken wird, dass man Touristen nur ausreichend nerven muss, damit sie parieren. Ich ärgere mich sehr. Nicht nur über diesen aufdringlichen Herren, sondern vor allem über mich selber, dass ich zum Opfer dieser primitiven Masche geworden bin.

Endlich haben wir es geschafft, auch die letzten versprengten Gruppenmitglieder einzusammeln und können unseren Weg fortsetzen. Es ist fast so, als würden wir mitten durch einen Jahrmarkt fahren. Eine uralte Maschine wird mit Kohle befeuert, ein Mann dreht eine Kurbel. In riesigen Pfannen wird gezuckerte Milch eingekocht, um daraus bonbonartige Zuckerblöcke herzustellen, die liebevoll aufgestapelt werden. Tuktuks rasen verwegen durch den dichten Verkehr. Zwischendrin läuft eine Frau umher, hebt getrocknete Kuhfladen auf und stapelt sie auf einem Wägelchen.

Es fängt langsam an zu dämmern. Es ist schon halbdunkel, als wir an unserem Hotel mitten in der Innenstadt von Agra ankommen. Das Hotel hat aber seit das letzte Mal eine Rotel-Gruppe da war, Umbauten vorgenommen. Wir können nicht auf den Hof fahren, der Bus muss jetzt draußen stehenbleiben, am Rand einer stark befahrenen mehrspurigen Straße. Unsere Begeisterung kennt abermals keine Grenzen. Die Zimmer liegen dafür besonders weit entfernt und sind ohne Taschenlampe nicht zu finden. Aber letztendlich finden wir Frauen uns wie fast jeden Abend im Damenzimmer zusammen. Die erste verschwindet im Bad, die anderen warten, bis sie an der Reihe sind. Die eine schminkt sich schon mal ab, denn einige der Damen legen trotz der rustikalen Reisebedingungen Wert auf ein erstklassiges Make-up. Burschikosere Frauen feilen ihre Fingernägel oder versuchen, sie mit dem Nagelreiniger irgendwie sauber zu bekommen, denn am Ende des Tages klebt viel Schmutz an einem. Die nächste hat sich gemütlich auf dem Bett ausgestreckt, eine andere bürstet sich die Haare. Wir klatschen und tratschen, unterhalten uns über den Tag, lästern ein klein wenig über Abwesende. Was zunächst lästige Warterei zu sein schien, hat sich zu einem liebenswerten Ritual entwickelt.

Auf der Straße in der Nähe des Busses liegt ein kleiner Hundewelpe und jault herzergreifend, doch seine Mutter kommt nicht. Ein Stück weiter befindet sich ein Hunderudel. Einer aus unserer Gruppe nimmt den Welpen und legt ihn vor die Hunde, damit sie sich um ihn kümmern. Doch sie kümmern sich nicht. Sie töten und fressen ihn. Die Stimmung ist gedrückt. Das hat keiner von uns gewollt.

Tag 19 – Höhe- und Tiefpunkt

Wir sitzen am Straßenrand und frühstücken quasi auf der Bühne. Erstaunte Zuschauer sind die Inder. Jetzt bei Tag sehen wir erst, wie dreckig die Luft in Agra ist. Dann packen wir alles zusammen und fahren zum Itimad-ud-Daula, einem prächtigen Mausoleum mit vielen Grabstellen. Obwohl wir schon so viele architektonische Meisterwerke gesehen haben, gibt es wieder was zum Staunen. Weißer Marmor mit Intarsien aus Halbedelsteinen, zu floralen und ornamentalen Mustern verschlungen, künstlerisch wertvoll ausgeführt.
In der Grabkammer sind die Gräber aufgereiht. Männergräber erkennt man an einer erhabenen, eckigen Struktur, die ein wenig wie ein Schubladengriff aussieht. Das weibliche Grab hingegen wird von einem Symbol geziert, das einem Küchenbrett verblüffend ähnlich sieht. Die Anlage befindet sich direkt am Fluss Jamuna. Ich gucke mir den Fluss an, der in weiten Teilen noch als Wildstrom durch die Gegend mäandert. Seine Fluten jedoch sind eine echte Kloake. Spätestens wenn er durch Delhi mit seinen 20 Millionen Einwohnern, der Industrie, den fehlenden Kläranlagen und dem fehlenden Umweltbewusstsein der Inder fließt, hat er eine gewaltige Schmutzfracht geladen. Agra mit seinen drei Millionen Einwohnern macht die Sache nicht besser. Im Fluss baden Büffel. Außerdem befindet sich dort eine riesige Wäscherei. Eine unübersehbare Menge an Laken und Handtüchern liegt auf den Sandbänken zum Trocknen. Hier lassen

die Hotels waschen. Wäscher schlagen und wringen die Wäschestücke von Hand. Und ja, sie waschen sie in diesem dreckstarrenden Wasser. Der eine oder andere Gast, der nichts davon ahnt, wird sich wohlig in seinem frischen Bett rekeln. Man könnte sich natürlich fragen, wie die Inder nun die Wäsche von den verschiedenen Hotels auseinanderhalten, aber ich habe schon zu viele Beispiele indischer logistischer Begabung gesehen, um das für ein echtes Problem zu halten.

Wir fahren weiter zum Roten Fort, welches riesig und trutzig vor uns steht. Ein kleiner Teil ist für die Besichtigung freigegeben, der größte Teil wird vom Militär in Beschlag genommen. Es gibt drei Rote Forts der Mogulen: in Agra, in Dehli und in Lahore, heute Pakistan. Der immer noch sehr beliebte und geschätzte Großmogul Akbar ließ vor etwa 500 Jahren die Hauptstadt von Neu Delhi nach Agra verlegen und dort auch ein Fort bauen. Einen Palast errichtete er aber nicht, weil er es dann vorzog, die neue Hauptstadt Fathepur Sikri mitsamt Palastanlagen zu bauen. Als er diese Stadt aufgab, zog es ihn nach Lahore.

Shah Jahan, auf Deutsch: Weltherrscher, war einer seiner Nachfolger und ließ im Roten Fort Paläste vom Feinsten bauen. Marmor im Überfluss, Steinmetzarbeiten, Intarsien mit Halbedelsteinen. Ein Garten mit Weinreben. Shah Jahan saß das Geld für Prestigebauten ziemlich locker. Als seine Frau Mumtaz Mahal bei der Entbindung des vierzehnten Kindes starb, versank der Herrscher in Kummer und beschloss, für seine Frau das schönste Mausoleum der Welt zu bauen: das Taj Mahal, welches direkt am Flussufer steht. Seine gesamte Energie steckte er in diesen Bau. Als Mausoleum für sich hatte er den gleichen Palast wie das Taj Mahal, nur in Schwarz, auf der anderen Uferseite geplant. Seinem machtgierigen Sohn Aurangzeb ging das zu weit. Die bisherigen Prachtbauten hatten die Staatskasse geleert. Er entmachtete seinen Vater und setzte ihn im Roten Fort fest, tötete seine Brüder und machte sich selbst zu einem ruchlosen und gefürchteten Herrscher, der Hindus gnadenlos jagte und deren Tempel zerstörte. Seinem Vater blieb nichts anderes übrig, als vom Roten Fort aus sehnsuchtsvoll auf die Bestattungsstätte seiner geliebten Frau zu blicken.

Das wollen wir auch machen, aber so einfach ist das nicht. Die Luft ist dick und grauweiß. Darin ein weißes Gebäude zu erblicken ist nicht einfach. Doch nach einer Weile angestrengten Suchens zeichnet sich schemenhaft die Silhouette von einem der berühmtesten Gebäude der Welt ab, obwohl es nicht einmal zwei Kilometer entfernt ist. Wäre die Luft klar, würde sich ein einzigartiger Anblick bieten.

Nach dem Essen machen wir uns zum Taj Mahal auf. Die Besichtigung findet extra am Nachmittag statt, weil das Mausoleum im Sonnenuntergang ganz besonders schön sein soll. Im Abstand von einem Kilometer um das Taj Mahal herum darf kein Verbrennungsmotor fahren. Kamelkarren, Pferdekutschen und Elektrotuktuks balgen sich

daher um die Touristen, die den Bussen entsteigen. Man kann auch laufen - mit einem Kondensstreifen aus Bettlern, Verkäufern und Fahrzeuglenkern hinter sich. Aber heute bin ich knallhart und ignoriere die Gestalten um mich herum.
Eine Riesenmenge begehrt bereits Einlass in das Gebäude. Sicherheitskräfte mit Pfeifen und Gummiknüppeln verbreiten Hektik. Inder zahlen etwa 70 Cent Eintritt, Ausländer zehn Euro. Dafür dürfen wir auch in die VIP-Schlange, an den vielen anderen Wartenden vorbei.
Am Eingang wird man streng kontrolliert, alles wird noch gnadenloser als im Flughafen geprüft. Bohrende Fragen werden gestellt, manche Wartenden werden zur genaueren Durchsuchung mitgenommen. Endlich sind wir alle durch und beisammen. Wir gehen durch das imposante Sandsteintor mit Intarsien, und da liegt es vor uns, in ganzer Pracht wie auf den Bildern, nur eben in echt! Ja, es ist erhaben. Ja, es vermag selbst am Ende einer überaus ereignisreichen Reise zu begeistern!
Staunend arbeiten wir uns durch den Garten mit dem langen Wasserbecken vor, bis wir an der Marmorplattform sind, auf der sich der Palast befindet. Die vier Minarette an den Ecken dieser Platte stehen nicht ganz gerade. Sie sind minimal nach außen geneigt, damit sie im Fall eines Erdbebens nicht auf das Gebäude stürzen. Die Marmorfläche darf man nicht in Schuhen betreten. Das heißt: Schuhe aus, außer für die VIPs. Die haben nämlich bauschige Überschuhe

bekommen. Ich ziehe aber meine Schlappen aus. Marmor wird immer schön warm, aber niemals heiß. Es ist sehr angenehm, barfuß darauf zu laufen.

Fassade, Torbögen, Türstürze, all das ist mit großer Kunstfertigkeit ausgeführt. Intarsienarbeiten und fein ziselierte Koransprüche dominieren. Von innen finde ich das Gebäude ziemlich enttäuschend. Taj Mahal heißt Glaspalast, aber im Inneren ist das Gebäude erstaunlich duster, Glas spielt eigentlich keine Rolle. Wer sich diesen Namen ausgedacht hat? Hinter einer durchbrochenen Umrandung befindet sich das Grab der Mumtaz und daneben, irgendwie reingequetscht, das Grab des werten Gatten, der ja schließlich auch irgendwo bestattet werden musste, nachdem sein Sohn ihm das eigene Mausoleum versagte.

Auf der rückwärtigen Terrasse des Taj Mahal, zum Fluss hin, machen viele Inder Pause. Sie setzen sich auf den Boden und gucken in den Himmel, wo die Milane kreisen, oder auf den Fluss. Auf den Sandbänken stehen Wasserbüffel. Vögel sitzen auf ihnen und picken ihnen Parasiten aus dem Fell. Andere nehmen gerade ihr Bad oder werden von ihrem Treiber durch das Wasser gejagt. Links und rechts des Taj Mahal befindet sich eine Art botanischer Garten. Eine große Vielfalt einheimischer Bäume und Sträucher wächst dort. Diese Anlage ist auf kaum einem Bild zu sehen und zählt wohl nicht als Sehenswürdigkeit, aber mir macht es Freude, zwischen den verschiedenen Gehölzen wie duftender Frangipani, Flammen-

baum, Leberwurstbaum oder Sandelholzbaum umherzulaufen. Das Taj Mahal blitzt immer wieder mal weiß zwischen ihnen hervor. Wir dürfen so lange bleiben, wie wir wollen und sollen mit dem Tuktuk zurückfahren. Als die Sonne langsam sinkt, fahre ich mit Antonia und Karin zurück.
Zum Abendessen treffen wir uns alle wieder. Iris, Anne, Sarah und Stefan wirken völlig verstört. Bleich und mit Riesenaugen sitzen sie am Tisch. Wir fragen, was ihnen passiert ist. Sie waren gemeinsam in der Umgebung des Taj Mahal unterwegs. Da sahen sie das Café „Sheroes hangout", das irgendwie ausgeflippt wirkte. Neugierig gingen sie hinein. Dort wurden sie sehr freundlich empfangen. Von Frauen, die einen Säureanschlag überlebt haben. Frauen, die sich nicht länger damit zufriedengeben wollen, dass ihr Leben zerstört ist. Frauen, die sich nicht verstecken wollen und ihre Verunstaltungen offen zeigen. „Jeder hat das schon mal gehört", erzählt Iris. „Aber wenn du vor den Frauen stehst und ihnen ins Gesicht schaust, das ist einfach unvorstellbar!" Mühsam hält sie die Tränen zurück. Fünf junge Frauen wollen der Welt zeigen, dass man sich von einer Säureattacke nicht unterkriegen lassen muss, und betreiben dieses Künstlercafé. Wie so oft, werden auch hier die Opfer zu Tätern gemacht. Eine Frau, die verunstaltet worden ist, hat es nach dem gesunden Volksempfinden irgendwie verdient. Weil sie zum Beispiel einen Freier zurückgewiesen hat.

Oder weil sie das Pech hatte, im Weg zu stehen, als der Vater seine Frau mit Säure überschütten wollte und die Tochter es versehentlich abbekommen hat. Oder weil es ihr Karma war, schon in jungen Jahren eine Stiefmutter zu bekommen, die versucht hat, das ungeliebte Stiefkind mit Säure zu beseitigen. Eine der Frauen wurde als Unbeteiligte in einem Nachbarschaftsstreit mit Säure übergossen. Die Säure fraß sich durch das Fleisch und sogar durch den Knochen. Die Frau lag auf der Straße und schrie vor Schmerz. Aber keiner der Umstehenden kümmerte sich. Wäre sie gleich in ein Krankenhaus gekommen, hätte man ihr Augenlicht retten können. Aber niemand sah eine Veranlassung, einzugreifen. Diese Frauen sind nach dem Anschlag stets verunstaltet und öfter blind, außerdem leiden sie für immer an Schmerzen. Eine Ehe oder ein Beruf scheiden für sie aus. Ein Säureanschlag beendet ihr Leben und startet ein demütigendes Dahinvegetieren. Die tapferen Cafébetreiberinnen versuchen, diesen Teufelskreis zu durchbrechen. Ich kann nicht mehr weiteressen. Das passiert mir selten. Und der Schlaf will auch nicht kommen.

Tag 20 – Endspurt

Wir packen ein. Etwa 200 Kilometer haben wir bis New Delhi. Bei der Verkehrsdichte hier werden wir lange unterwegs sein. Es geht langsam vorwärts. Je näher wir der Hauptstadt kommen, desto hemmungsloser werden Fahrzeuge aller Art überladen. Oder sind das Landflüchtlinge, die mit ihrem gesamten Hab und Gut in der Hauptstadt in der Hoffnung einfallen, hier ein besseres Leben zu finden? Die Großstädte wirken auf die Landbevölkerung wie Magnete. Trotz aller Großstädte ist Indien das Land der Dörfer, doch in den Dörfern ändern sich die Lebensbedingungen teilweise drastisch zum Schlechteren. Wassermangel, Umweltgifte und Knebelverträge von Firmen mit genmanipuliertem Saatgut machen der Landbevölkerung das Leben zur Hölle. In den letzten Jahren hat es viele Selbstmorde von Bauern gegeben, die weder ein noch aus wussten. Ferner lockt in den großen Städten die Anonymität. Das aus der Kastenzugehörigkeit bedingte Verhaltenskorsett kann im Dorf nicht abgelegt werden. In der Stadt hingegen geht man wesentlich lockerer damit um.
Auf unserem Weg liegt Sikandra. Dort befindet sich das Mausoleum des Herrschers Akbar, des Sohnes von Humayun, dessen Mausoleum wir am ersten Tag besichtigt haben. Die Lust, das Mausoleum zu besuchen, ist bei uns allen etwas gebremst. Das Gelände ist riesig. Ein Park, in dem Gazellen mit schraubenartigen Hörnern und sehr sanften Gesichtern leben, gehört zu der Anlage.

Pfauen, Streifenhörnchen und Affen sind dort auch zu Hause. Ganz gegen meine Erwartung fasziniert mich das Mausoleum doch. Es hat als Vorläufer fürs Taj Mahal gedient und sieht diesem sehr ähnlich, ist aber aus Sandstein. Die Luft ist grauschwarz und richtig dicht. Das ist zum Atmen nicht sehr schön, erlaubt es aber, stimmungsvolle Bilder zu machen. Die Intarsienarbeiten und die durchbrochenen Fenster sind sehr grafisch. Mathematiker dürften an diesen Gebilden ihre Freude haben, weil sich jede Menge Geheimnisse darin verbergen. Die Gruft des Mausoleums besteht aus vielen Nischen, die kunstvoll unter Verwendung von viel Gold gemalt sind.
Weiter geht es in Richtung Hauptstadt. Das wirkt wie eine Spazierfahrt durch einen Themenpark. Links und rechts der Straße findet das pralle Leben statt. Es wird immer hektischer und lauter. Gleichzeitig üben die Menschen am Straßenrand sich in größter Gelassenheit. Sie hocken im Halbkreis und erzählen. Frauen tragen Lasten auf dem Kopf und bewegen sich gemessen vorwärts. Ein fliegender Barbier stutzt einem Mann den Bart. Bäume wedeln tapfer mit ihren verstaubten Blättern. Doch langsam ändert sich die Umgebung. Dort, wo wir uns jetzt befinden, legt Delhi sich ein modernes Glitzerkleid um. Imposante Hochhäuser mit strahlenden Fassaden, die mit den Logos der wichtigsten amerikanischen und deutschen Unternehmen dekoriert sind. Hier sieht die Stadt fast europäisch aus.

Nach einer Weile lassen wir den Glitzer hinter uns und es sieht wieder indisch aus. Wir fahren parallel zur U-Bahn, von der böse Zungen behaupten, sie sei unindisch. Sie funktioniert störungsfrei und sicher und ist sauber. In der Nähe der Stadtmitte erreichen wir unser letztes touristisches Ziel: den Bahai-Tempel. Die Bahai sind eine Glaubensgemeinschaft, die im Iran entstanden ist. Gegen 1850 hatte der Religionsstifter eine Erleuchtung und trennte seine neuen Erkenntnisse von der schiitischen Glaubensrichtung des Islam ab. Das wurde so nicht geduldet. Er und seine Anhänger wurden verfolgt und getötet. Zunächst fand die Glaubensgemeinschaft eine Heimat in Israel und verbreitete sich von dort über die ganze Welt. In Frankfurt gibt es auch eine Gemeinde. Und eben in Indien, einem Land, das in religiöser Hinsicht sehr vielfältig ist. Auf der einen Seite dürfen sich selbst sehr strenge Jains mit ihrem Lebensschutz für Insekten zu Hause fühlen, doch auch für das Gegenteil davon ist Platz. Die Aghori sind eine tausend Jahre alte hinduistische Glaubensgemeinschaft, die gegen alle Konventionen verstößt und sich dadurch Erlösung von der Welt verspricht. Die Mitglieder sind Bettelmönche, ihr Bettel-, Ess- und Trinkgefäß ist ein menschlicher Schädel. Man sagt ihnen nach, sie würden das Fleisch von unvollständig verbrannten Leichen essen und hätten Sex mit Toten. Alles, was Hindus heilig ist, missachten sie bewusst, um dadurch innere Reinigung zu erlangen. Zwischen diesen Extremen ist für eine

Gemeinschaft wie die Bahai allemal Platz. Sie sind Monotheisten, aber nicht in jedem Fall religiös. Religion darf weder der Vernunft noch der Wissenschaft widersprechen. Das Wichtigste an einer Religion ist die Nächstenliebe. Wenn Religion zu Zwietracht führt, ist es ihrer Ansicht nach besser, keine Religion zu haben.

Der Tempel muss eine ganz besondere Attraktion sein. Anders sind die riesigen Menschenmassen, die Eintritt begehren, nicht zu erklären. Das am häufigsten verwendete Symbol der Bahai ist der neunzackige Stern, der auch Grundriss des Lotostempels ist, den wir jetzt besuchen. Er sieht so völlig anders aus als alles, was uns bisher in Indien untergekommen ist. Er wirkt sehr nüchtern und kühl, weil ganz auf verspielte Elemente verzichtet wird. Lotostempel heißt er, weil er wie eine Lotosblüte aussieht, die sich öffnet. Auf mich wirkt er wie eine Miniaturausgabe der Oper in Sydney, und die Leute, denen ich Ausschnitte vom Tempel gezeigt habe, haben auch auf das Opernhaus getippt. Wenn man in den Tempel hinein möchte, muss man warten. Sicherheitskräfte regeln den Zugang. Das hat diesmal nichts mit Sicherheitsgründen zu tun, sondern mit den schieren Menschenmassen. Ein Schub Besucher wird eingelassen, und erst wenn er wieder draußen ist, darf der nächste Schub hinein.

Innen sieht der Tempel wie eine moderne Kirche aus. Nüchtern, hell, es gibt Stühle. Heiliges Wasser gibt es aber auch hier. Draußen befinden sich

Wasserbecken. Sie sind sehr gepflegt und sehen aus wie Swimming-Pools.

Wir sind nun auf dem Weg zum Betriebshof, wo der Rotel-Bus für die nächste Reise fertiggemacht wird. Es wird für uns Zeit, uns vom Gefährt zu verabschieden. Bei mir vollzieht sich das nüchtern und schmerzfrei, doch andere haben ihre Kabine liebevoll eingerichtet und entfernen jetzt alle Gemütlichkeitsfaktoren mit Wehmut. Sie tragen ihre Sachen nach draußen und stehen dann hilflos mit vollen Händen vor einem zum Platzen gefüllten Koffer. Der Abschied vom Bus dauert insgesamt erstaunlich lange. Dann stehen aber alle abmarschbereit da. Taxis kommen und bringen uns ins Hotel. Endlich ausstrecken! Im Schlafanzug zum Klo! Das dann auch noch frei ist! Luxus pur! Aber eigentlich lohnt sich das gar nicht, denn bereits um Mitternacht müssen wir zum Flughafen. Ich nehme ein Zimmer mit Antonia. Das Zimmer ist in Ordnung, aber es hat kein Fenster. Alle Zimmer, die nach vorne rausgehen, haben kein Fenster! Das heißt, wir müssen diese verdammte Klimaanlage anlassen, um Luft zu bekommen. Vielleicht hätten wir doch lieber im Bus schlafen sollen.

Nachdem wir uns frisch gemacht haben, gibt es das Abschiedsessen. Adressen und Eindrücke werden getauscht. Eine sehr beeindruckende Reise geht zu Ende, die mit extremen Eindrücken und Widersprüchen nicht gegeizt hat. Und mit der Erkenntnis, dass das Leben hart sein kann. Meine Güte, kann es hart sein! Mir selber ist es

gut gegangen. Bis auf meine Thermoskanne, die ich irgendwo auf einem Mäuerchen habe stehen lassen und die dann weg war, ist mir nichts abhandengekommen. Eine Erkältung hat mich geplagt. Mehr nicht. Ein richtiggehendes Wunder. Das Taj Mahal habe ich nun gesehen, bevor ich sterbe. Dazu viele andere Dinge, die mindestens ebenso sehenswert waren, was ich aber bei Buchung der Reise nicht ahnte. Die Schlucht von Galta. Jaisalmer. Der Rattentempel. Ja, der auch.
Wir haben noch ein paar Stunden Zeit. Um Mitternacht wird ein Weckruf erfolgen. Ich lege mich aufs Bett und döse. Irgendwann wache ich auf, weil Antonia so lärmt. Ich möchte sie anknurren, aber sie weist mich darauf hin, dass es schon kurz nach zwölf ist. Schlagartig bin ich wach, eilig mache ich mich fertig. Komisch, dass ich den Weckruf nicht gehört habe. Es gab keinen Weckruf, sagt Antonia.
Wir sammeln uns. Jedenfalls die meisten. Fred und Arthur fehlen. Die schlummern bestimmt selig, haben ihr Unterbewusstsein auf das nicht läutende Telefon programmiert. Jemand geht, um sie zu wecken. Wir anderen gehen schon nach draußen. Ein Mann entsteigt einem Tuktuk, eine dünne Decke um sich geschlungen. Schlaftrunken guckt er zu, wie wir unser Gepäck zum wartenden Bus bringen. Als ihm klar wird, dass mit uns kein Geschäft zu machen ist, schlingt er die Decke fester um sich, faltet sich zusammen und nimmt irgendwie auf der viel zu kurzen Rückbank

Schlafstellung ein. Bis das nächste potenzielle Geschäft naht.

Von der gleichen Autorin ist erschienen:

Seit vielen Jahren nutzt Helga Jursch jede freie Minute zum Reisen. Asien hat es ihr besonders angetan. Auf ihren Streifzügen durch den Kontinent trifft sie auf Butterschmalz zum Frühstück, Sänftenträger, Bettelmönche, falsche Prinzen, ausgefranste Teppichhaie, Katzenkaffee, aufdringliche Schneider, überfällige Leichen, paradiesische Strände, prachtvollen Glanz und grausiges Elend. Sie setzt sich mit Schlangen, Mantarochen, ausgegrenzten Muschelfischern und akribischen Moosgärtnern auseinander. Ihr Weg führt sie über verdächtig schwankende Brücken, mehrstöckige Autobahnen, Pisten voller Schlaglöcher und ungezähmte Flüsse. Mit feinem Humor erzählt sie höchst subjektiv von ihren Eindrücken und Erlebnissen in Indien, Japan, Indonesien und Burma.

311 Seiten

Herstellung und Verlag:
BoD – Books on Demand, Norderstedt